웃지마!
나 비즈영어책이야

웃지마! 나 비즈영어책이야

초판 1쇄 인쇄 2009년 1월 2일
초판 1쇄 발행 2009년 1월 10일

지은이 차형석

발행인 양원석
총편집인 김기중
책임편집 한은희
영업마케팅 정도준, 김성룡, 백준, 백창민
일러스트 김미령
본문디자인 디자인클립

펴낸 곳 랜덤하우스코리아(주)
주소 서울시 강남구 삼성동 159 오크우드호텔 별관 B2
편집문의 02-3466-8800
구입문의 02-3466-8955
홈페이지 www.dobedobe.com
          www.randombooks.co.kr
등록 2004년 1월 15일 제2-3726호

ⓒ 2009 차형석

ISBN 978-89-255-3143-4   13740

두앤비컨텐츠는 랜덤하우스코리아(주)의 어학전문브랜드입니다.

이 책은 저작권자의 계약에 따라 발행한 것이므로
본사의 허락 없이는 어떠한 형태와 수단으로도 이 책의 내용을 이용하지 못합니다.

* 잘못된 책은 구입하신 서점에서 바꾸어 드립니다.

* 책값은 뒤표지에 있습니다.

웃지마!
나 비즈영어책이야

신입사원도 이대리도 김과장도 부장님도 함께 보는 비즈영어책

차형석 지음 | 김미령 그림

영어 울렁증에는 이 책이 딱이야!

직장인들을 위한 가장 재미있는 Biz 영어책

Biz English

두앤비컨텐츠

머리말

웃지마! 나 비즈니스 영어 전문가야

왜 비즈니스 영어는 심각해야 하죠? 왜 비즈니스 영어는 점잖게 배워야 한다고 생각하시나요?

영어 공부는 그 분야를 막론하고 즐거워야 합니다! 즐겁지 않은 일은 억만금을 준다고 하더라도 금방 지쳐서 오래하기 힘듭니다. 그동안 비즈니스 영어를 학생들에게 가르치면서 깨달은 것 중의 하나가 바로 '즐거워야 한다'는 것입니다. 즉, 심각하게 비즈니스 영어만을 가르쳤던 반과 재미있게 다양한 상황을 제시하면서 가르쳤던 반은 출석률과 성취도면에서 엄청난 차이를 보였다는 것이죠. 사실 따지고 보면 비슷한 내용의 강의인데도 이렇게 엄청난 출석률의 차이가 생기다니요!

이러한 생각에 착안해서 〈웃지마! 나 비즈영어책이야〉를 집필하게 되었습니다. 이 책은 재미있는 강의를 듣는 듯한 기분이 들 수 있도록 최대한 가볍게 써보았습니다. 그리고 다국적 기업에서 일하면서 겪었던 다양한 업무 경험을 토대로 하여 정말로 우리가 알아야 하는 비즈니스 관련 영어 단어 및 표현들을 선정하였고, 이해를 돕기 위해 제가 실제로 경험한 에피소드와 다양한 일화를 소개하였습니다.

이 책 한 권으로 비즈니스 영어를 정복할 수 있다는 식의 과대 광고는 하지 않겠습니다. 영어에 끝이란 있을 수 없으니까요. 그렇지만 이 책을 통해서 여러분들이 비즈니스 영어에 흥미를 갖게 되는 것, 외국인과 비즈니스를 할 때 이전보다 영어에 대한 부담감이 줄어드는 것, 그것이 바로 이 책이 빛을 발하는 순간일 것이라고 생각합니다. 저는 이 책을 통해 여러분의 비즈니스 영어에 등대지기가 되고 싶습니다.

이 책이 나오기까지 힘써주신 랜덤하우스의 한은희 씨와 모든 관련자분들께 감사를 전하며 여러분에게 마지막으로 당부의 말씀을 드립니다. 월트 디즈니(Walt Disney)의 전 회장 마이클 아이즈너(Michael Eisner)는 'If it's not growing, it's going to die(성장하지 않으면 죽는다).'라고 했습니다. 이 말은 영어도 마찬가지입니다. 영어 실력은 늘지 않으면 줄어들어버리니까 하루라도 연습하지 않으면 이전의 수준도 유지할 수가 없게 되어버립니다. 매일 매일 성장하는 독자 여러분의 영어 실력에 〈웃지마! 나 비즈영어책이야〉가 함께하기를 바랍니다.

Cheers!

차형석

이 책의 구성과 특징

회사에서는 어떤 영어를 쓸까 궁금한 대학생도, 입사 면접에서 돋보이고 싶은 취업준비생도, 외국계기업 및 해외영업부의 신입사원도, 영어만 보면 숨고 싶은 10년차 부장님도 이 책을 한 번만 끝까지 읽어보세요. 비즈니스 영어는 어려울 거라는 생각은 싹~ 사라지고 나도 비즈니스 영어를 잘할 수 있다!는 자신감이 생겨날 겁니다.

비즈니스에 필요한 영단어 총집합

회사의 일상부터 해외출장, 회의, 프레젠테이션, 마케팅, 제품, 협상까지 업무에 필요한 비즈니스 영어 표현들이 모두 수록되어 있습니다. 미국에서 MBA를 마치고 삼성과 LG에서 프로젝트 매니저로 근무한 저자가 엄선한 비즈니스 어휘와 각종 표현들을 프로젝트를 진행하면서 겪은 각종 에피소드 속에 녹여내어 쉽고 재미있게, 그리고 리얼하게 전해 드립니다.

알아두면 좋은 영어 표현과 비즈니스 에티켓

틀리기 쉬운 영어 표현과 알아두면 좋을 영어 표현을 수록해두었습니다. 본문과 함께 읽어보세요. 이외에도 초보 신입사원에게 꼭 필요한 회사 내의 에티켓 및 업무 상식을 전수해 드립니다.

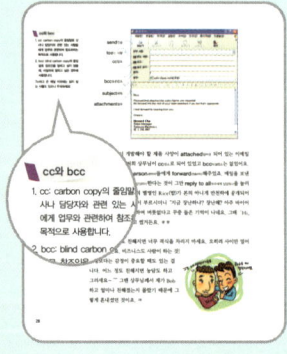

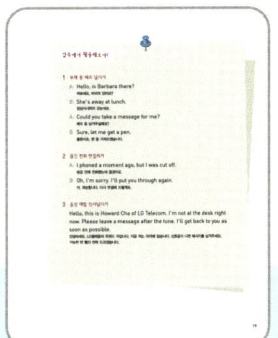

업무에서 활용해보자!

본문에서 소개된 어휘들을 보기만 해서는 잊어버리기 쉽죠. 실제 업무에서는 어떻게 쓰이는지 확인해보세요.

단어암기 노트

본문에서 소개된 단어들과 함께 외워두면 좋을 단어들을 추가하여 한눈에 볼 수 있게 정리했습니다. 본문은 휘리릭~ 읽더라도 단어암기는 열심히! 다 외운 단어는 왼쪽의 체크박스에 표시해보세요. 늘어나는 체크 표시로 성취감 가득!

EXERCISE

한 chapter가 끝날 때마다 얼마나 기억하고 있는지 연습문제를 풀면서 확인해보세요. 영어 공부에서 가장 중요한 것은 반복! 중요한 단어들은 다시 한번 체크해보자고요~

등장인물 소개

좌충우돌 신입사원

대학을 졸업하고 갓 입사한 신입사원. 어려운 취업 관문은 가까스로 뚫었지만 처음 겪는 직장 생활은 모르는 것 투성이. 업무 파악도 힘든 상황에 영어로 비즈니스 하자니 그 어려움이 더욱 크게 느껴지지만 신입사원다운 패기로 하나씩 처리해나가면서 프로로 성장해나갑니다.

얄미운 대리

신입사원의 직속 선배로서 신입사원을 잘 가르쳐줘야 하지만 실수한다고 구박하기 일쑤. 인사고과 기간에나 일찍 출근하는 등 빼질거리기만 하고 신입사원과 티격태격하지만 팀 분위기를 활기차게 만듭니다.

의욕 없는 팀장

항상 기운 없이 업무에 임하시는 팀장님. 회의 시간에는 숙면을 부르는 졸리고 힘없는 말투와 독수리 타법의 소유자이지만 팀을 바로잡아주는 중심 역할을 합니다.

무서운 부장

넘치는 열정이 지나쳐 하루 종일 사원들에게 소리지르며 사무실을 왔다갔다하시는 부장님. 부장님 기분 안 좋은 날은 피하고 보는 게 상책!

차례

PART 1   지금 회사에선

Chapter 1   회사에서의 의사소통 | 14
Chapter 2   회사 생활 | 39
Chapter 3   일 그리고 회사 | 54
Chapter 4   외국 손님 접대 | 68

PART 2   처음 가는 해외출장

Chapter 1   출국 그리고 입국 | 82
Chapter 2   호텔, 레스토랑에서 기죽지 말자 | 101

PART 3　회의는 꼼꼼히

Chapter 1　회의 계획하기 | 116

Chapter 2　본격적으로 회의하기 | 127

Chapter 3　여러 가지 상황 대처하기 | 146

PART 4　프로페셔널한 프레젠테이션

Chapter 1　프레젠테이션 준비 및 진행 | 158

Chapter 2　프레젠테이션 마무리 | 178

PART 5　지금은 마케팅 전쟁 중

Chapter 1　시장의 구성 | 186

Chapter 2　마케팅 요소 | 198

PART 6   경쟁력 있는 제품 개발

Chapter 1 연구 및 개발 | 226

Chapter 2 제품 혁신 및 지적 재산 | 236

PART 7   적을 알고 나를 알아야 하는 협상

Chapter 1 협상 준비 | 244

Chapter 2 협상 돌입 | 255

Chapter 3 협상 마무리 | 278

웃지매! 나 비즈영어책이야.

지금 회사에선

Chapter 1 회사에서의 의사소통

Chapter 2 회사 생활

Chapter 3 일 그리고 회사

Chapter 4 외국 손님 접대

CHAPTER 1
회사에서의 의사소통

01 >>> 회사에서의 의사소통

전화통에 불난다!

"세계를 무대로 비즈니스 한번 해보겠다!!!"는 부푼 꿈을 안고 회사에 갓 입사했는데…… 잉? 이게 뭐야? 본격적인 비즈니스는커녕 하루 종일 all day long 사방에서 걸려오는 **answer the phone** 전화받다 하는 데 정신이 없습니다. 저희 부장님은 전화벨이 세 번 이상 울릴라치면 왜 전화를 안 받냐며 소리를 버럭! 지르시거든요. ㅜㅜ 회사 생활의 반은 **telephone** 전화로 이야기하다 하는 일일 겁니다.

그래도 국내에서 온 전화라면 그나마 다행이죠. 영어 울렁증에 시달리는 우리 오지마 대리는 벨소리만 듣고도 국제전화인지 아닌지 귀신 같이 알고 전화벨 소리는 못 들은 척하고 업무에 열중하는 척한답니다. 쯧쯧. 아, **international business** 국제 비즈니스 하겠다고 입사한 사람이 이렇게 영어를 피해서야.

다시 본론으로 돌아가면 국제 비즈니스의 기본은 전화받는 것! 절대 피하지 맙시다!

울렁증이 있다?

'울렁증이 있다'가 영어로 뭔지 배우고 갈까요?

I have butterflies in my stomach.
마음이 두근거려요[조마조마해요].

뱃속에 나비가 있으니 얼마나 울렁거리겠어요? ㅎㅎ

기술이 하도 빠르게 진보advancement해서 전화기의 종류도 다양해졌어요. **pay phone**공중전화은 못 본 지 오래된 것 같고 요즘은 거의 모든 사람이 **mobile phone**휴대폰을 들고 다니죠. 그리고 최근에는 **videophone**화상전화도 나왔죠? 전 요즘 **IP phone**인터넷 전화기으로 **long distance call**시외전화과 **international call**국제전화을 한답니다. **calling rate**통화료가 아주 싸거든요!

우리의 귀여운 오지마 대리 얘기 좀더 해볼까요? 한번은 영어 공부 좀 했는지 미국에 전화한다고 당당하게 **pick up the phone**전화기를 들다하더라고요. 이어서 **dial tone**신호음을 확인하고 **keypad**번호판를 아주 자신 있게 눌렀는데요. ㅎㅎ 근데 문제는 이때 발생! 아, **engaged tone**통화 중 신호음이 들리면 **hang up the phone** 전화를 끊다해야지, 계속 전화기를 들고 멍하니 있더라고요. ㅎㅎ 도대체 누구랑 **converse**대화하다하고 있는 겁니까?

나중에 왜 그랬냐고 물었더니, "할 말을 잊어버리지 않으려고 머릿속으로 계속 영어만 생각하다가 그만. ㅠㅠ" 하여간 우린 이게 문제죠. 맨날 머릿속으로 영작 먼저 해놓고 빠바방! 쏴버리려고 하니까요. 영어는 생각해놓고 말하는 것이 아니라 말하면서 생각하는 것이랍니다.^^

만약 전화를 걸었는데 상대방이 안 받는 경우에는 아래처럼 **voice mail**음성메일을 남길 수도 있습니다. 대신 용건만 간단히!

음성메일

Hi, this is Howard. I'm calling about tomorrow's meeting. Please call me back as soon as possible.
안녕하세요, 하워드입니다. 내일 회의 때문에 전화 드렸습니다. 가능한 한 빨리 전화해주세요.

어때요? 음성메일 남기는 것도 어렵지 않죠? ^^

반대로 이번에는 여러분이 전화를 받아볼까요? 전화벨이 울리면 **receiver**수화기를 들어 응답을 합니다. **caller**전화거는 사람가 "May I speak to Mr. Cha미스터 차와 통화할 수 있나요?", 또는 "Is Mr. Cha there미스터 차 계신가요?"라고 공격(?)해오겠죠.

전화 관련 어휘

answering machine 자동응답 전화기
phone book 전화번호부
caller display 발신자 번호 확인 서비스
cordless phone 무선 전화기

찾는 사람이 사무실에 있다면 "**Hold on**잠시만 기다리세요."이라고 하고 **extension number**내선번호로 **put through**전화를 바꿔주다해주면 돼요.

찾는 사람이 자리에 없다면 **not at the desk**자리에 없다라고 하거나 **in a meeting**회의 중인이라고 하거나 혹은 **out of office**회사에 없다라고 하세요. 그 뒤에는 **leave a message**메시지를 남기다라고 말할 수도 있고 나중에 **call back**다시 전화하다해달라고 요청할 수도 있는 거죠.

가장 황당한 경우는 **wrong number**잘못 걸린 전화랍니다! 잘못 온 전화라는 게 확인이 되면 '괜히 긴장했네!' 라는 생각에 안도의 한숨이 나오겠죠? 금방 끊을 수 있으니까요. ㅋㅋ 그럴 땐 이렇게 말해주세요.

잘못 걸린 전화

You've got the wrong number.
전화 잘못 거셨습니다.

전화 관련 표현

- **전화받을 때**

  Hello? 여보세요?

  Thank you for calling Hyundai Motor Company. How can I help you?
  현대자동차에 전화해주셔서 감사합니다. 무엇을 도와 드릴까요?

- **전화걸 때**

  Hello, this is Howard Cha calling. 안녕하세요, 하워드 차입니다.

  Hi, it's Howard from Samsung Electronics. 안녕하세요, 삼성전자의 하워드입니다.

- **통화하고 싶은 사람 찾기**

  Is Jackson in? 잭슨 있나요?

  Is Michelle there, please? 미쉘 있나요?

  Can I talk to your boss? 당신 상사와 통화할 수 있나요?

  May I speak with Mr. Woods? 우즈 씨와 통화할 수 있나요?

- **부재 알리기**

  Jackson is not in. 잭슨은 없는데요.

  I'm sorry, she is not here at the moment. 죄송하지만 그녀는 지금 없습니다.

  I'm afraid he's stepped out. 유감스럽게도 그가 나갔네요.

  He's (away) at lunch. 그는 점심식사하러 나갔는데요.

- **메시지 받기**

  Would you like to leave a message? 메시지 남기시겠습니까?

  I'll make sure he gets the message. 그에게 메시지 전달해 드리겠습니다.

- **전화를 돌려줄 때**

  Just a sec. I'll get him. 잠시만요. 그를 바꿔 드릴게요.

  Hang on one second. 잠시만 기다리세요.

  I'll put you through to her office. 그녀의 사무실로 연결해 드릴게요.

- **전화를 끊을 때**

  Thanks for calling. Bye for now. 전화해주셔서 감사합니다. 들어가세요.

  Well, I guess I better get going. Talk to you soon.
  흠, 지금 끊어야 할 것 같아요. 곧 전화할게요.

  I have another call coming through. I better run.
  다른 전화가 왔네요. 받아봐야겠어요.

- **기타**

  Could you speak up a little, please? 약간 크게 말해주실래요?

  Would you mind spelling that for me? 철자 좀 알려주실래요?

  We have a bad connection. Can you call me back?
  연결 상태가 안 좋네요. 다시 걸어주실래요?

업무에서 활용해보자!

1 부재 중 메모 남기기

A: Hello, is Barbara there?
여보세요, 바바라 있어요?

B: She's away at lunch.
점심식사하러 갔는데요.

A: Could you take a message for me?
메모 좀 남겨주실래요?

B: Sure, let me get a pen.
물론이죠, 펜 좀 가져오겠습니다.

2 끊긴 전화 연결하기

A: I phoned a moment ago, but I was cut off.
방금 전에 전화했는데 끊겼어요.

B: Oh, I'm sorry. I'll put you through again.
아, 죄송합니다. 다시 연결해 드릴게요.

3 음성 메일 인사남기기

Hello, this is Howard Cha of LG Telecom. I'm not at the desk right now. Please leave a message after the tone. I'll get back to you as soon as possible.
안녕하세요, LG텔레콤의 하워드 차입니다. 지금 저는 자리에 없습니다. 신호음이 나면 메시지를 남겨주세요. 가능한 한 빨리 연락 드리겠습니다.

단어암기 노트

- answer the phone/ get the phone 전화 받다
- telephone 전화를 걸다, 전화로 이야기하다
- international business 국제 비즈니스
- pay phone 공중전화
- mobile phone/ cellphone/ cellular phone 휴대폰
- videophone 화상전화
- IP phone 인터넷 전화기
- long distance call 시외전화, 장거리 전화
- international call 국제전화
- calling rate 통화료
- pick up the phone 전화기를 들다
- dial tone 신호음
- keypad 번호판
- engaged tone/ busy tone[signal] 통화 중 신호음

- hang up the phone 전화를 끊다
- converse 대화하다
- voice mail 음성메일
- receiver 수화기
- caller 전화거는 사람
- hold on 잠시 기다리다
- extension number 내선번호
- put through 전화를 바꿔주다
- not at the desk 자리에 없는
- in a meeting 회의 중인
- out of office 회사에 없는, 퇴근한
- leave a message 메시지를 남기다
- call back 다시 전화하다
- wrong number 잘못 걸린 전화, 틀린 전화번호
- You've got the wrong number. 전화 잘못 거셨습니다.

02 >>> 회사에서의 의사소통

팩스 보내기

요즘은 팩스도 이메일로 보내는 방법이 있다지만 어찌 되었든 팩스는 현대 비즈니스에서 중요한 의사소통 방법 중 하나예요. 앞으로도 그 편리성 convenience 때문에 계속해서 쓰일 거고요. 메시지를 작성해서 전송하는 데 시간은 꽤 걸리지만 전화에 비해 그 비용이 상대적으로 싼relatively cheap 편이니까요.

여러분은 팩스 사용법을 제대로 알지 못 한다고 상사에게 혼나본 적 있나요? 한번은 미국에 **shipping document**선적서류를 보내야 했습니다. 그런데 이 **fax machine**팩스기계은 왜 제가 쓰기만 하면 **be out of order**고장나다인 걸까요? 이름을 말하면 안 되겠지만…… 에라, 모르겠다! 공OO 과장(지금은 차장? 아님 짤렸을까?;;)이라고 있었는데 그 인간이 하루는 제가 팩스 보내는 것을 보고 있다가 "야! 너 미국에서 학교 나온 거 맞아? 어떻게 팩스 하나 보내는 데 1시간이 걸리냐?"라고 소리를 지르더라고요.

> **facsimile**
> 팩스는 fax 그대로 통용되는 하지만 facsimile의 정확한 철자를 외워두는 것이 좋습니다.

그래서 저도 맞받아쳐서 "어, 미국에서 학교 나온 거 맞거든! 그게 무슨 상관인데? 그리고 지금 5분밖에 안 지났거든!"이라고 하려다가 참았죠, 뭐. 제가 힘이 있나요? senior^{고참}한테. ㅠㅠ

팩스용지 확인!!
팩스용지가 없으면 아무리 급한 내용의 팩스라도 들어올 수가 없겠죠. 신입사원에게 복사기, 팩스의 용지 확인은 의무! 수시로 확인하고 보충해주는 센스가 필요합니다.

팩스를 쓸 때는 몇 가지 알아두어야 할 사항이 있습니다.

1. **address**^{주소}를 완전하게 in full 쓸 필요는 없어요. 우체부가 배달하는 건 아니니까요.
2. 팩스의 각 장은 명확하게 **number**^{페이지 수}를 ^{적어넣다}해야 합니다. 예를 들면, 3 of 8 또는 3/8처럼요. 그래야 **missing**^{없어진}된 종이가 있는지 알 수 있습니다.
3. 그리고 보내는 사람의 **signature**^{서명}가 들어가야 합니다.
4. **handwritten**^{손으로 쓴} 팩스도 **acceptable**^{받아들일 수 있는}하기는 하지만 가능하면 **word processor**^{워드프로그램}로 쓰세요.

제가 삼성전자에서 근무할 때 디즈니와 프로젝트를 진행한 적이 있는데요. 그때 저의 **contact point**^{연락 상대}였던 사람은 Bob Bauer(밥 바우어)였어요. 식당에서 한국말로 "넌 내 밥(bob)이야."라고 놀리던 기억이 나네요. ㅎㅎ 그때 팩스와 관련하여 Bob과 이런 식의 대화가 오갔었죠.

국가번호
대한민국 82
미국 1
일본 81
중국 86
영국 44
프랑스 33
러시아 7
브라질 55
호주 61

팩스번호받기

I   Well, I think you'll be interested in our mechanical design.
    음, 당신은 우리 기계설계에 관심이 있을 것 같은데요.

Bob Can you send it by fax? 그거 좀 팩스로 보내줄래요?

I   Sure. What's your fax number? 물론이죠. 팩스번호가 어떻게 되죠?

Bob 1 for the US, then 345. 678. 9012. 미국 국가번호 1, 그리고 345. 678. 9012예요.

I   Okay. I've got that. 알겠습니다. 적어놨어요.

다음은 바로 제가 그에게 보낸 팩스 내용입니다~!

Samsung Electronics

P.O. Box 2321, Seoul, South Korea
Tel: 82. 2. 234. 0987
Fax: 82. 2. 234. 0985

COVER SHEET

Date: 18 November   To fax number: +1. 345. 678. 9012
To: Bob Bauer   From: Howard Cha

Number of pages including this cover sheet: 8

Bob,

The following pages give details of the mechanical design.
If you need any further information, please feel free to contact me.

If you do not receive all pages, please phone +82. 2. 234. 0987.

Cheers,

Howard Cha

Howard Cha
Project manager

삼성전자

대한민국 서울 사서함 2321호
전화번호 82. 2. 234. 0987
팩스번호 82. 2. 234. 0985

표지

일자 : 11월 18일   수신번호 : +1. 345. 678. 9012
수신인 : 밥 바우어   발신인 : 하워드 차

겉장을 포함한 페이지 수: 8

밥,

다음 장들은 기계 설계의 세부사항들입니다. 추가 정보가 필요하면 주저 없이 저에게 연락하세요.

누락 페이지가 있을 경우 +82.2.234.0987로 전화하세요.

하워드 차
프로젝트 매니저

비즈니스 레터를 쓸 때는

글자 크기는 12포인트 정도로 합니다. 받는 사람이 읽기 좋게 자간, 장평, 글자 진하게 하기 또는 기울이기 등을 조절하는 것도 잊지 마세요.

서두에는 '편지를 쓴 이유'를, 본문에 '구체적인 정보'를, 말미에는 짧은 인사를 적으면 됩니다.

팩스의 장점 3가지

1. 팩스에는 서명이 따라올 수 있어서 대부분의 경우 법적 구속력을 갖습니다. 계약서나 협상에서 쌍방의 서명을 교환하는 일을 팩스로 할 수도 있습니다.
2. 계약서, 도표 등 종이 형태로 된 문서를 스캔할 필요 없이 신속하게 전송할 수 있습니다.
3. 이메일에 비해 수신자에 의해 팩스 내용이 다른 사람들에게 유출될 위험이 적습니다.

cover sheet표지에는 **sender**발신인와 **recipient**수신인가 반드시 들어가야 합니다. 만일 **confidential information**비밀 정보이 포함된 팩스인데 **intend**의도하다한 수령자가 받지 않았다면 큰일입니다! 그럴 경우에 대비해서 이런 문구를 추가하는 것도 좋습니다.

기밀문구 남기기

If you are not the intended recipient, destroy this document.
만일 당신이 의도된 수령자가 아니라면 이 문서를 파기하시오.

우와! 드디어 팩스도 제대로 써서 보냈네요. 이제 할 일은 뭐? 아따! 전화해서 받았는지 확인해야죠. 나중에 못 받았다고 오리발 내밀면 어떻게 하려고요?

get the fax팩스를 받다했는지 확인하다 보면 별 희한한 일이 다 발생한답니다. 어떨 때는 종이가 **get stuck**끼다 되어 버리기도 하고 잘 들어갔는데 글씨가 **illegible**읽기 어려운 일도 생긴답니다.

그럴 땐 친절한 척(?)하면서 **resend**다시 보내다해주고 이번에는 **go through**제대로 통과하다했는지 다시 한번 **confirm**확인하다하세요!

업무에서 활용해보자!

팩스 수신 확인하기

A: Did you get my fax?
팩스 받으셨나요?

B: The paper got stuck.
종이가 걸렸어요.

A: I'll send it through again.
다시 보낼게요.

(Five minutes later... 5분 후 확인 전화하기)

A: Did the fax go through OK?
팩스 잘 들어갔나요?

B: Yeah. Thank you, Howard!
네. 고마워요, 하워드!

단어암기 노트

- shipping document 선적서류
- fax machine 팩스기계
- be out of order/ break down 고장나다
- senior 고참, 선배
- address 주소
- number 페이지 수를 적어넣다
- missing 없어진, 누락된
- signature 서명
- handwritten 손으로 쓴
- acceptable 받아들일 수 있는
- word processor 워드프로그램
- contact point 연락 상대
- send ~ by fax ~을 팩스로 보내다
- fax 팩스로 보내다; 팩스
- fax number 팩스번호

- number of page 페이지 수
- include 포함하다
- following page 다음 페이지
- feel free to 마음 놓고 ~하다
- cover sheet 표지, 겉장
- sender 발신인
- recipient 수신인
- confidential information 비밀 정보
- intend 의도하다
- get the fax 팩스를 받다
- get stuck/ get jammed 끼다
- illegible 읽기 어려운
- resend 다시 보내다
- go through 제대로 통과하다
- confirm 확인하다

03 >>> 회사에서의 의사소통

이메일 쓰기

해외사업부에서 일하다 보면 이메일e-mail은 전화보다 더 자주 사용하는 의사소통수단 communication tool이 됩니다. **time difference**시차가 있기 때문에 업무상 급한 일이 생겨도 바로 통화하기가 어렵거든요. 보통 미국은 아침에, 유럽은 저녁 6시 이후에 통화해야 하는데 아침에는 졸려서 영어가 안되고, 6시 이후에는 퇴근해야 하니까요! 말도 섞기 싫은 기분 나쁜 **client**거래처라도 있다면 그쪽에는 **by phone**전화로보다는 주로 **via e-mail**이메일로해서 업무 연락을 하죠. 그것이 나만의 노하우! ㅋㅋ 이래저래 이메일이 최고second to none입니다.

이메일의 장점
1. 기록이 남기 때문에 검색이 가능합니다.
2. 전화나 직접 대화와는 달리 전달하려고 하는 내용을 일목요연하게 정리할 수 있습니다.
3. 수신인에게 부가 정보를 보낼 수 있습니다.
4. 전세계 사람들에게 효과적이고 경제적으로 연락할 수 있습니다.

이메일은 electrical mail의 준말입니다. **send an e-mail**이메일을 보내다하면 상대방이 이메일을 받겠죠. 그러면 읽어보고 답장을 할 필요가 있겠다 싶으면 **reply to the e-mail**이메일에 답장하다하는 거고 필요 없다 싶으면 **recycle bin**(컴퓨터) 휴지통에 버리겠죠.

cc와 bcc

1. cc: carbon copy의 줄임말로 상사나 담당자와 관련 있는 사람들에게 업무와 관련하여 참조하라는 목적으로 사용합니다.
2. bcc: blind carbon copy의 줄임말로 참조인을 알리고 싶지 않을 때, 비밀리에 알리고 싶은 경우에 사용합니다.
To:라고 온 메일 이외에는 읽지 않는 사람도 있으니 주의하세요!

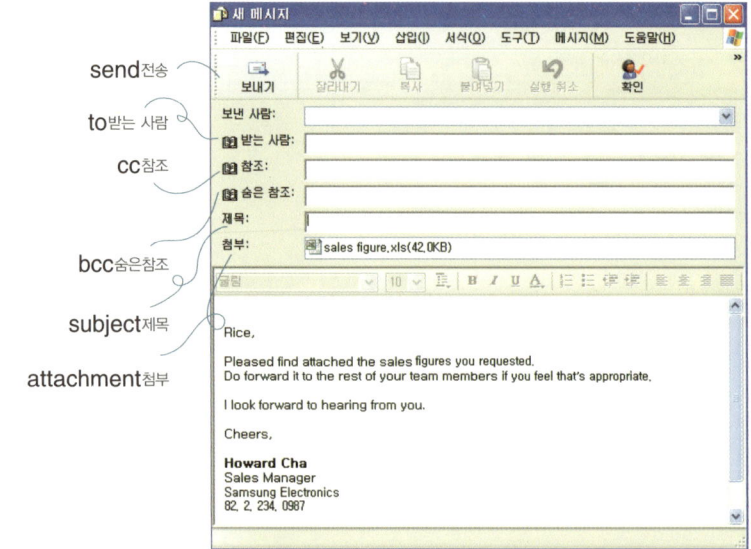

이메일에 쓰이는 약자

BTW(by the way)
그건 그렇고

AFAIK(as far as I know)
제가 아는 바로는; 틀림 없이

HTH(hope this helps)
이게 도움이 되었으면 좋겠습니다

ASAP(as soon as possible)
가능한 한 빨리

FYI(for your information)
참조를 위해

한번은 미국에서 개발해야 할 제품 사양이 **attached**첨부된 되어 있는 이메일이 날라왔답니다. 저희 상무님이 **cc**참조로 되어 있었고 **bcc**비밀참조는 없었어요. 저는 일단 **related person**관련자들에게 **forward**전송하다해주었죠. 메일을 보낸 Bob Bauer에게 **reply**답장하다한다는 것이 그만 **reply to all**모두에게 답장하다을 눌러 제가 지은 Bob Bauer의 별명인 Rice(밥)가 본의 아니게 만천하에 공개되어 버렸지 뭐예요. 상무님이 부르시더니 "지금 장난하냐? 장난해? 아주 바이어를 갖고 놀아라!"라고 하며 버릇없다고 꾸중 들은 기억이 나네요. 그때 'Hi, my Rice안녕 내 밥아!'라고 썼거든요. ㅎㅎ

하지만 어느 정도 친해지면 너무 격식을 차리지 마세요. 오히려 사이만 멀어져 보이거든요. 비즈니스도 사람이 하는 것! 이성보다는 감정이 중요할 때도 있는 겁니다. 어느 정도 친해지면 농담도 하고 그러세요~ ^^ 그땐 상무님께서 제가 Bob하고 얼마나 친해졌는지 몰랐기 때문에 그렇게 혼내셨던 것이죠. ㅋ

그때 제가 밥에게 보낸 문제의 메일을 소개합니다! 받는 사람 이름을 Rice라고 했던 것이죠.

> **이메일 보내기**
>
> Rice,
>
> Please find attached the sales figures you requested. Do forward it to the rest of your team members if you feel that's appropriate.
>
> I look forward to hearing from you.
>
> Cheers,
>
> Howard Cha
> Sales Manager, Samsung Electronics
> 82. 2. 234. 0987
>
> 라이스,
> 당신이 요청했던 매출 수치를 첨부했습니다. 괜찮으면 나머지 팀원들에게도 전송하세요.
> 답장 기다릴게요.
> 하워드 차
> 영업담당, 삼성전자
> 82. 2. 234. 0987

이메일은 **business letter**상용편지보다는 훨씬 덜 **formal**격식을 차린합니다. 보통은 짧고 **concise**간결한하죠. 참! 모르는 사람한테 이메일을 보내더라도 Dear Mr. ~는 이제 제발 사용하지 마세요. 우리나라말로 하자면 '친애하는 ~'이잖아요. 얼마나 느끼합니까? 그냥 첫 **greeting**인사은 Hello면 충분합니다. 이미 아는 사이라면 이름을 바로 쓰세요. 그리고 이메일에는 동사 축약형을 사용해도 돼요. 예를 들면 He's, You're처럼 말이죠. 마지막으로 이름 밑에는 급한 상황에 바로 연락할 수 있도록 **telephone number**전화번호를 기재하는 것 잊지 마시고요!

> **끝맺음 인사**
>
> • 격식 있는 인사
> Best wishes
> Regards
> Best regards
>
> • 덜 격식 있는 인사
> All the best
> Best
> Cheers

업무에서 활용해보자!

이메일 쓰기

Hello Howard,

Thank you for your prompt reply to my e-mail.

I'm writing to let you know that we finally decided to order 100 units of the DER-45. Please let us know the unit price ASAP.

Regards,

John McCain

안녕하세요 하워드,

제 이메일에 신속히 답해주셔서 고맙습니다.

DER-45 100대 주문을 최종적으로 결정했다는 것을 알리려고 이메일을 씁니다. 단가를 가능한 한 빨리 알려주세요.

존 매케인

단어암기 노트

- time difference 시차
- client 거래처
- by phone 전화로
- via e-mail 이메일로
- send an e-mail 이메일을 보내다
- reply to the e-mail 이메일에 답장하다
- recycle bin (컴퓨터) 휴지통
- attached/ enclosed 첨부된
- cc 참조
- bcc 비밀참조
- related person 관련자
- forward 전송하다

- reply 답장하다
- reply to all 모두에게 답장하다
- forward A to B A를 B에게 전송하다
- appropriate 적당한, 적절한
- look forward to ~을 기대하다
- business letter 상용편지
- formal 격식을 차린
- concise 간결한
- greeting/ salutation 인사
- telephone number 전화번호
- prompt 신속한
- unit price 단가

04 >>> 회사에서의 의사소통

보고하기

보고는 신속하게

상사에게 혼이 날 내용의 보고는 미루게 되는 경향이 있는데요. 초기에 쉽게 잡을 수 있는 일이 큰일이 되어 수습할 수 없는 경우가 생기거나 사내 불화의 원인이 되기도 하죠. 자신의 실수나 잘못이라고 하더라도 솔직히 인정하고 보고해야 합니다.

웬만큼 직장 생활을 해보신 분들이라면 '회사 생활의 반은 report보고다! 보고만 잘 해도 반은 먹고 들어간다.' 라는 말에 고개를 끄덕이실 겁니다. 그만큼 보고는 회사 생활에서 중요한 부분을 차지한다는 말씀!

그런데 보고를 받는 사람마다 취향이 달라 거기에 맞추려면 애를 좀 먹죠. ㅜㅜ

supervisor상사들 중에는 팀워크team work를 중시하는 사람도 있는 반면에 아주 개인적인personal 회사생활을 하는 사람들도 있죠. 또 어떤 상사는 뭐든지 태평스러워서easy going 쉽게쉽게 하려고 하고 어떤 상사는 야심가go-getter로 목적지향적purpose-driven이기도 하고요. 여러분의 상사는 어느 쪽? 저는요, 태평스러운 상사가 딱 제 타입이에요! ㅎㅎ

아무튼 중요한 건 상사 그리고 동료colleague들과 얼마나 잘 어울리느냐get along에 따라 회사에서 성공할 것인가 퇴사leaving the company할 것인가가 결정된다는 것입니다.

특히 상사와의 관계는 인사고과 performance review와도
관련이 있기 때문에 매우 중요하답니다. 그러니까
때때로 사바사바 분신사바~도 필요하답니다.
손바닥의 지문이 닳도록 말입니다~ ㅋㅋ
일 년 내내 못했다고 포기 말고 그때만이라
도 바짝 잘하세요!

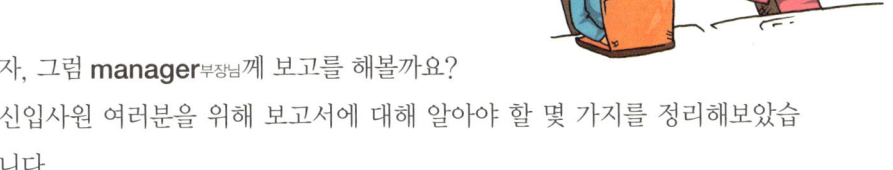

자, 그럼 manager 부장님께 보고를 해볼까요?
신입사원 여러분을 위해 보고서에 대해 알아야 할 몇 가지를 정리해보았습
니다.

그 첫 번째로 보고서의 종류! 아래와 같이 다양하답니다.

1. 주기별
   - **daily report** 일간 보고서
   - **weekly report** 주간 보고서
   - **monthly report** 월간 보고서
   - **quarterly report** 분기 보고서
   - **annual report** 연간 보고서

2. 내용별
   - **sales report** 판매 보고서
   - **progress report** 진행상황 보고서
   - **production report** 생산 보고서
   - **budget report** 예산안 보고서
   - **market research report** 시장조사 보고서

두 번째, 보고서를 쓸 땐 다음의 여섯 가지 사항을 꼭 염두에 두고 차례대로 작성하면 좋습니다.

1. the aim of the report 보고서의 목적
2. gathering information 정보 모으기
3. organizing the information 모은 정보 정리하기
4. analyzing the material 자료 분석하기
5. conclusion 결론 내리기
6. suggestion 제안하기

세 번째, 보고서를 작성할 때는 **table of contents** 목차로 시작하여 **chart** 차트, **table** 도표, **figure** 수치 등을 활용해서 작성하면 더 효과적입니다!

마지막으로 알아둘 것! 본격적으로 보고서를 써내려 가기 전에 전체 **outline** 윤곽을 잡은 뒤에 **draft** 초안를 잡고 **final copy** 최종본로 만들어내는 것이 정석! 오탈자가 없는지 검토한 뒤에 **submit** 제출하다하세요.

보고 날짜가 정해지면 우리는 열심히 준비 **preparation**를 합니다. 초과근무 **overtime work**는 선택 **option**이 아닌 필수적인 **mandatory** 일이 되어버리고요. 또 부장님은 왜 그리 쪼아대는지. 아직 **report date** 보고일까지 이틀이나 남았는데 매일 와서 잘 되어가냐고 물으십니다. 그렇게 걱정되면서 퇴근 후에 왜 자꾸 술마시러 가자고 하시는 걸까요? ㅜㅜ

여하튼 이렇게 계속 쪼아대면 보고일을 **postpone** 미루다하자는 소리도 할 수 없게 됩니다. **bring forward** 앞당기다하자는 소리 안 나오는 게 다행이니까요. 이럴 땐 '에고 별 수 있나? 까라면 까야지.' 하는 심정이 된답니다.

이렇게 열심히 준비해서 보고일 아침 당당하게 부장님을 찾아갔더니만, 부장님 왈 "아, 그냥 overview개요만 설명해봐."라고 하시네요. '아니, 칭찬 한번 받으려고 열심히 작성했더니만 보지도 않고 말로 설명하라고? 그럼 왜 작성하라고 한 거야? 아! 스트레스~ 뒷목이야~' 뭐 이런 상사도 있고 detail세부사항을 조목조목 따지시는 상사도 있죠. 둘 다 짜증나긴 마찬가지;;;

보고의 원칙 5가지

1. 지시사항이 종료되면 즉시 보고합니다.
2. 중간보고를 합니다.
3. 객관적 사실만을 보고합니다.
4. 결론부터 먼저 보고합니다.
5. 결과는 꼭 보고합니다.

보고하러 갈 땐 항상 상사에게 보여줄 printout유인물을 미리 출력해가는 것이 예의입니다. 보고할 때는 천천히 그리고 또박또박 말합니다speak slowly and clearly!

업무에서 활용해보자!

1 보고서 기한 확인

A: Have you finished the sales report?
  판매 보고서 작성 끝냈어요?

B: I worked overtime last night, but I couldn't be able to finish it.
  어젯밤에 야근했지만 아직 못 끝냈어요.

A: Can you finish it by tomorrow then?
  그러면 내일까지는 끝낼 수 있어요?

2 보고서 내용 확인

A: Can you explain what the report is about in detail?
  보고서 내용을 구체적으로 설명해주실래요?

B: Sure. It's about our marketing activities for next year.
  네. 내년도 마케팅 활동에 관한 것입니다.

단어암기 노트

- report 보고
- supervisor/ boss 상사
- manager 부장
- daily report 일간 보고서
- weekly report 주간 보고서
- monthly report 월간 보고서
- quarterly report 분기 보고서
- annual report 연간 보고서
- sales report 판매 보고서
- progress report 진행상황 보고서
- production report 생산 보고서
- budget report 예산안 보고서
- market research report 시장 조사 보고서
- aim 목적
- gather 모으다
- organize 정리하다
- analyze 분석하다
- material 자료

- conclusion 결론
- suggestion 제안
- table of contents 목차
- chart 차트
- table 도표
- figure 수치
- outline 윤곽
- draft 초안
- final copy 최종본
- submit 제출하다
- report date 보고일
- postpone 미루다
- bring forward 앞당기다
- overview 개요
- detail 세부사항
- printout 유인물
- in detail 상세하게

EXERCISE

01 해당되는 의미를 찾아 이어보세요!

(1) hold on   A 비밀 정보
(2) pay phone   B 첨부하다
(3) answering machine C 잠시 기다리세요
(4) contact point   D 제대로 통과하다
(5) recipient   E 공중전화
(6) confidential information F 연락 상대
(7) printout   G 수신인
(8) go through   H 자동응답 전화기
(9) attach   I 가능한 한 빨리
(10) ASAP   J 유인물

02 빈칸에 단어를 채워보세요!

> by fax   illegible   find   forward   received   free

(1) Please _____ this document to others.
   다른 사람들에게 이 문서를 전달해주세요.

(2) I just _____ an e-mail from the vendor.
   막 그 납품업체로부터 이메일을 받았습니다.

(3) Please _____ attached the file.
   첨부된 파일을 참조하세요.

(4) This document is _____.
   이 문서는 읽을 수가 없습니다.

(5) If you have any questions, feel _____ to contact me.
   질문이 있으시면 주저 없이 저에게 연락하세요.

(6) Would you send the report _____?
   보고서를 팩스로 보내주실래요?

Answer
01 (1) C (2) E (3) H (4) F (5) G (6) A (7) J (8) D (9) B (10) I
02 (1) forward (2) received (3) find (4) illegible (5) free (6) by fax

CHAPTER 2
회사 생활

01 >>> 회사 생활

사무실 풍경

여러분이 일하는 office사무실의 working environment업무 환경는 어떤가요? 겨울에 heater히터는 잘 들어오고 여름에 air conditioner에어컨는 잘 들어오나요? 이것이 기본인데 이것마저 없다면 이직을 생각해 보심이? ^^

서류 분류하기

서류 하나 찾다가 아까운 시간을 다 보낸다면? 책상 위에 점점 쌓여가는 서류로 골치가 아프다면? 아래의 분류로 파일을 만들어보세요.

- 프로젝트 파일
- 업무 파일
- 아이디어 파일
- 읽을거리 파일
- 흥미/관심 파일
- 정보 파일
- 회의 파일

보통 사무실에는 팀별로 책상들이 배치되어 있는데 각자의 자리가 partition파티션으로 나뉘어 있는 회사도 많더라고요. 개인별로 computer컴퓨터와 monitor모니터를 쓰고요. 여러분은 회사에서 desktop computer데스크톱 컴퓨터를 쓰세요, 아니면 laptop computer노트북를 쓰세요? 저는 개인적으로 노트북을 선호합니다prefer. portable휴대하기 편리한하잖아요.

컴퓨터는 각자 쓰게 되지만 copy machine복사기과 printer프린터는 server서버를 통해 직원들이 공유해서 쓰게 되어 있죠. 복사기 옆에는 copy paper복사지가 있고요. 어떤 복사기는 암호를 입력해야enter 하는 경우도 있어요. 직원들이 얼마나 복사하는지 monitor감시하다하기 위한 것이죠. 이건 아니잖아~ 이건 아니잖아~ 그리고 복사기에 **out of paper**종이가 없는 표시가 들어와도 자기 차례가 끝났다고 그냥 가는 사람들이 있는데 그러지 마세요. 프린터도 마찬가지고요. 다른 사람들을 위해 항상 종이를 채워놓으세요.

그리고 이놈의 기계들은 왜 이리 자주 **out of order**고장이 난 되는지 원. 특히 부장님이 **copy**복사하다 해오라고 하실 때, 꼭 그때 고장이 나죠.ㅠㅠ 어디 **technician**기술자 없어요? **repair**고치다 해주세요!

자, 그러면 **lounge**휴게실로 이동해볼까요? 우선, **vending machine**자판기이 눈에 띄네요. 그 옆 **garbage can**쓰레기통엔 쓰레기들이 너저분하게 삐져나와 있죠.

업무에서 활용해보자!

1 복사기 암호 입력

A: Did you enter your password?
암호 입력했어요?

B: Do I have to?
그거 해야 돼요?

2 복사기 고장

A: This copy machine is out of order again.
이 복사기가 또 고장났어요.

B: Oh my goodness! That's the third time this week alone.
이런! 이번 주만 세 번째네요.

- office 사무실
- working environment 업무 환경
- heater 히터
- air conditioner 에어컨
- partition 파티션, (방·건물 등을 구분하는) 칸막이
- computer 컴퓨터
- monitor 모니터; 감시하다
- desktop computer 데스크톱 컴퓨터
- notebook/ laptop computer 노트북 컴퓨터
- copy machine/ photocopier/ copier 복사기
- printer 프린터
- server 서버
- copy paper 복사지
- out of paper 종이가 없는
- out of order 고장이 난
- copy 복사하다
- technician 기술자
- repair/ fix 고치다
- lounge/ break room 휴게실
- vending machine 자판기
- garbage[trash] can 쓰레기통

02 >>> 회사 생활

당신의 컴퓨터 활용 지수는?

우리 백업 부장님 얘기 좀 해볼까요? 아 글쎄 우리 백 부장님은 **computer illiterate**컴맹~;; 컴퓨터에 대해서는 워드프로그램과 이메일밖에 모르신다니까요. ㅜㅜ **wired Internet**유선 인터넷이 **wireless Internet**무선 인터넷으로 바뀌었을 때도 뭐가 뭔지 몰라서 부하직원들을 차례로 불러 프로그램을 **install**설치하다하셨지요. 그 정도라면 다행이게요. 배우려고 하지를 않으시니 원. 노트북이 새로 들어왔을 때도 **peripheral device**주변기기를 **connect**연결하다할 줄 모르셔서 일일이 연결해드려야 했죠. 시키는 대로 따라하기만 하면 되는 **antivirus software**바이러스 방지 프로그램도 설치를 못 하시더라고요. 부장님 컴퓨터에 **bug**소프트웨어 오류는 또 왜 그리 많은지;;; 하여간 하루 종일 만사 제치고 백 부장님 컴퓨터에 매달렸답니다.

컴퓨터에 대한 몇 가지 **tip**팁(조언) 좀 드릴까요?

첫째, **desktop**바탕화면에 **icon**아이콘을 너무 많이 띄우지 마세요. 컴퓨터가 **slow down**느려지다 됩니다. 안 쓰는 아이콘은 **mouse**마우스로 **drag**끌다해서 휴지통에 쏙! window창를 너무 많이 띄워놓아도 느려집니다.

둘째, 등 뒤로 상사가 지나갈 때를 대비해서 업무와 관련 없는 주식 사이트나 미니홈피를 빨리 minimize최소화하다하고 매출 관련 엑셀파일을 maximize최대화하다하는 연습해두시길. ㅋㅋ

셋째, 노트북을 쓸 때는 resolution해상도를 조금만 낮춰도 battery life배터리 수명가 길어진답니다.

넷째, 보고서의 font size글자 크기는 10이 표준이고요. 언제나 별도의 memory stick저장 매체에 따로 save저장하다해두세요. 그리고 다른 사람이 쓸 수 없게 password암호로 lock잠그다해두고요. 소중한 intellectual property지적재산를 industrial spy산업스파이에게 뺏길 수는 없잖아요!

유용한 단축키

- 모두 선택하기 : Ctrl+A
- 복사하기 : Ctrl+C
- 잘라내기 : Ctrl+X
- 붙여넣기 : Ctrl+V
- 실행 취소 : Ctrl+Z
- 휴지통을 거치지 않고 삭제하기 : Shift+Del
- 프로그램 전환 : Alt+Tab
- 프로그램 종료 : Alt+F4
- 프로그램 강제 종료 : Ctrl+Alt+Del

컴퓨터 관련 표현

- 컴퓨터 잘 작동돼요?
  Is the computer working fine?
- 여기서 무선 인터넷 쓸 수 있나요?
  Is wireless Internet available?
- 그 아이콘을 더블클릭하세요.
  Please double-click on the icon.
- 그 엑셀파일을 여세요.
  Open the Excel file.
- 그 프로그램을 닫으세요.
  Please close the application.
- 마우스포인터를 드래그하세요.
  Drag the mouse pointer.
- 당신 컴퓨터 용량이 얼마나 돼요?
  How many gigs does your computer have?

업무에서 활용해보자!

1 데이터 백업 (1)

A: You need to back up your data.
데이터를 백업해둘 필요가 있습니다.

B: I already did.
전 벌써 했어요.

2 데이터 백업 (2)

A: Please save the file to your notebook.
그 파일을 노트북에 저장해두세요.

B: Okay, I will.
알았어요, 그럴게요.

3 프로그램 설치

A: You'll need to install the program.
그 프로그램을 설치하셔야겠어요.

B: I see. Can you tell me how to do that?
알았어요. 어떻게 하는지 알려주실래요?

단어암기 노트

- computer illiterate 컴맹
- wired Internet 유선 인터넷
- wireless Internet 무선 인터넷
- install 설치하다
- peripheral device 주변기기
- connect/ hook up 연결하다
- antivirus software 바이러스 방지 프로그램
- bug 소프트웨어 오류
- tip 팁, 조언
- desktop 바탕화면
- icon 아이콘
- slow down 느려지다
- mouse 마우스
- drag 끌다

- window/ task pad 창
- minimize 최소화하다
- maximize 최대화하다
- resolution 해상도
- battery life 배터리 수명
- font size 글자 크기
- memory stick 저장 매체
- save 저장하다
- password/ pin number 암호
- lock 잠그다
- intellectual property 지적재산
- industrial spy 산업스파이
- available 이용할 수 있는
- application 응용 소프트웨어

03 >>> 회사 생활

회사의 일상과 스트레스

여러분들도 직장 내에서 **stress**스트레스를 많이 받으시겠죠?

맡은 업무만으로도 바빠 죽겠는데 왜 이리 받으라는 **training program**교육은 많은지…… 그럼 **work load**업무량를 줄여주시든가. 만날 **work late**야근하다하라는 소린가요? 교육에 참석하지 않으면 승진 대상에서 누락이라나 뭐라나. 교육은 교육대로 일은 일대로 몸이 완전히 녹초가 되죠.

그럴 땐 아래처럼 한마디 하세요! 나 바빠~!!! 건들지 마~!!!

바쁠 때 쓰는 표현

My hands are full at the moment.
지금 손이 모자랄 정도예요.

I'm fully booked next week.
다음 주에 스케줄이 꽉 찼어요!

I'm tied-up with a couple of meetings.
회의 몇 건 때문에 바빠요.

overwork과다한 업무로 녹초가 되었을 땐 동료에게 이렇게 말해보세요.

> **지쳤을 때 쓰는 표현**
>
> **I feel stretched/ overwhelmed.**
> 나 완전히 녹초가 됐어.
>
> **I am burned out.**
> 나 기운이 다 빠졌어.

바쁘다 보면 당연히 따라오는 것이 스트레스. 스트레스는 **hostile environment**나쁜 업무 환경 또는 상사의 직위를 이용한 **bullying**횡포 등 다양한 원인으로 올 수 있죠. 여자들의 경우에는 **sexual harassment**성희롱나 **sexual discrimination**성차별을 경험하는 경우도 꽤 있답니다. 일부 **multinational company**다국적기업에서는 **racial discrimination**인종 차별이 행해지기도 하죠. 제가 바라는 것은 김구 선생님의 말씀처럼 "대한민국의 독립이오."가 아니라 직장 내의 **equal opportunity**기회 평등입니다! ^^

• **사원의 권리와 관련된 표현**

• **Equal Employment Opportunity** (고용기회 균등법):
미국에는 연령뿐만 아니라 에이즈나 신체장애까지 포함하여 고용에 있어서의 차별을 금지하는 규정이 있습니다.

• **affirmation action**
(차별 철폐 조치):
미국 고용 차별에 관한 규정의 하나로 소수 민족의 인권을 보호하기 위해 그들의 고용 기회를 보장하는 내용과 수치로 목표를 명시하는 의무입니다.

여러분은 **reduce stress**스트레스를 줄이다하기 위해 무엇을 하세요?

스트레스 해소 방법 중 가장 높은 비율을 차지하는 것이 동료와 **chat**잡담하다하기라는데요. 잡담할 때에는 동료의 **promotion**승진에 **celebration**축하을 해주기도 하고 때로는 파티 계획을 세우기도 하고요. 다른 곳으로 **transfer**전근가다하는 사람, **leave the company**퇴사하다하는 사람, **retire**퇴직하다하는 사람 등 동료들에 관한 이야기가 주된 화젯거리가 됩니다. 잡담의 유형 중에서도 자리에 없는 회사사람 씹기는 최고의 안주죠. ㅋㅋ 상사나 다른 부서 사람이 일 못한다고 **denounce**험담하다하는 사람들로 **smoking area**흡연실는 언제나 만원! 그래도 가끔은 **compliment**칭찬를 해 주세요. 그게 다 사람 사는 새미니까요.

스트레스 해소 방법

1. 20분 일찍 출근해 여유를 가지기
2. 휴일에는 업무 생각에서 벗어나기
3. 점심식사 후에는 산책하기

잡담하기 이외에도 자신에게 맞는 스트레스 해소법을 찾아보세요! 저 같은 경우에는 다람쥐 쳇바퀴경주rat race와 같은 회사 생활에 지쳐도 회사 내에 축구장soccer field이 있어 산책을 하면서take a walk 좋은 시간quality time을 보냈었지요. 저랑 가장 친했던 오부장(원래 대리인데 하는 짓이 완전 부장이라 그렇게 불렀습니다. ㅋㅋ)은 점심시간에 음악을 듣더라고요listen to music.

그리고 녹차를 자주 마셔보세요drink green tea. **physical health**육체적인 건강뿐만 아니라 **mental health**정신 건강에도 좋다고 합니다. 회사에 **fitness club**헬스클럽이 있다면 최대한 활용하시고요!

아니면 **less stressful**덜 스트레스 받는한 직업을 찾아 **downshift**보수는 적지만 스트레스 덜 받는 일로 전직하다하는 것은 어떨까요?

업무에서 활용해보자!

1 인사이동

A: Don't you know that Randy was promoted to vice president?
랜디가 부사장으로 승진된 것 모르셨어요?

B: I know. Let's have a party tonight!
알아요. 오늘밤에 파티 열어요!

2 동료의 퇴사

A: Alex is leaving the company.
알렉스가 퇴사할 거예요.

B: Yeah, I'll miss him. He was a great worker.
네, 보고 싶을 거예요. 정말 좋은 직원이었죠.

3 스트레스

A: You look stressed. What's up?
스트레스 받은 것처럼 보이네요. 무슨 일이에요?

B: I'm supposed to make a presentation this afternoon.
오늘 오후에 발표하기로 되어 있어서요.

A: Drink a cup of green tea, Amanda. It will help you feel relaxed.
녹차 한잔 마셔요, 아만다. 긴장을 푸는 데 도움이 될 거예요.

단어암기 노트

- stress 스트레스
- training program 교육, 연수
- work load 업무량
- work late 야근하다
- tip up ~으로 바쁘게 만들다
- overwork 과다한 업무
- burn out (기력을) 소진하다
- hostile environment 나쁜 업무 환경
- bullying 횡포
- sexual harassment 성희롱
- sexual discrimination 성차별
- multinational company 다국적기업
- racial discrimination 인종 차별
- equal opportunity 기회 평등
- reduce stress 스트레스를 줄이다
- chat 잡담하다

- promotion 승진
- celebration 축하
- transfer 전근가다
- leave the company 회사를 그만두다
- retire 퇴직하다
- denounce/ bad-mouth 험담하다
- smoking area 흡연실
- compliment 칭찬
- physical health 육체적인 건강
- mental health 정신 건강
- fitness club/ health club 헬스클럽
- less stressful 덜 스트레스 받는
- downshift 보수는 적더라도 스트레스 덜 받는 일로 전직하다
- feel stressed 스트레스를 받다
- feel relaxed 이완된 기분을 느끼다

EXERCISE

01 해당되는 의미를 찾아 이어보세요!

(1) working environment   A 휴대하기 편리한
(2) progress report   B 저장하다
(3) connect   C 업무 환경
(4) promotion   D 해상도
(5) out of paper   E 진행상황 보고서
(6) portable   F 승진
(7) lounge   G 종이가 없는
(8) resolution   H 연결하다
(9) save   I 글자 크기
(10) font size   J 휴게실

02 빈칸에 단어를 채워보세요!

> fine   copy   burned   icon   out of order

(1) This laptop computer is working _____.
이 노트북은 잘 작동합니다.

(2) Please double-click on the _____.
그 아이콘을 더블클릭하세요.

(3) Could you _____ this document for me?
이 문서 좀 복사해주실래요?

(4) Don't use the photocopier. It's _____.
그 복사기 사용하지 마세요. 고장났어요.

(5) I'm _____ out.
저 이제 완전히 지쳤어요.

Answer
01 (1) C (2) E (3) H (4) F (5) G (6) A (7) J (8) D (9) B (10) I
02 (1) fine (2) icon (3) copy (4) out of order (5) burned

CHAPTER 3
일 그리고 회사

01 >>> 일 그리고 회사

시간 관리와 기업 문화

시간이 금이다Time is money!라는 말은 삼척동자도 다 아는 이 시대의 금언 maxim이죠. 그런데 이 인간은 왜 그리 **easy-going**태평스러운인지…… 아, 제 부사수였던 양OO 대리 얘깁니다. 어떤 일을 하건 간에 **timescale**일정을 잡아놓고 진행해야 하는 것 아니겠어요? 안 그러면 세월아~ 네월아~하면서 늘어지기 십상이니까요. 그리고 일을 맡기면 **on schedule**일정대로 하고 있는지, **ahead of schedule**일정보다 앞서서 하고 있는지, 아니면 **behind schedule**일정보다 늦게 하고 있는지 보고를 해야 할 것 아닙니까? 이건 뭐, 한번 일을 시키면 함흥차사니…… 일을 또 빨리 끝내면 모르겠습니다. **delay**지연시키다하는 경우가 다반사랍니다. 양 대리는 당연히 **make up time**보충근무를 하다해야겠죠?

time management시간 관리 얘기가 나왔으니 말인데 **corporate culture**기업 문화에 따라 하는 일이 있긴 없긴 정시간 일하는 것이 미덕(?)인 회사들이 있죠. 이러한 회사 문화를 long-hours culture라고 한답니다.

기업 문화 파악하기

기업 문화는 다음과 같은 부분에서 드러납니다.

- 대화의 어투
- 옷차림
- 정보 교환
- 동료들의 의사 결정 과정
- 공식적인 방침이나 회사의 사훈
- 지휘 스타일과 직위 관계

주위 환경에 무턱대고 끼워맞출 필요는 없지만 환경을 제대로 파악하고 신중히 처리하는 것을 잊지 마세요.

> **casual day?**
>
> 자유 복장으로 근무하는 날을 흔히 캐주얼 데이라고 말하는데요. dress-down day가 옳은 표현입니다.

기업 문화를 단적으로 들여다볼 수 있는 것 중 하나가 바로 **dress code**_{복장 규정}인데요. **business suit**_{정장}가 의무화되어 있는 회사들도 있고 **workday**_{평일}에는 정장을 입다가도 **dress-down Fridays**라고 해서 금요일에는 캐주얼을 허용하는 회사도 있답니다. 아예 정장을 입지 않고 매일 **dress casually**_{캐주얼하게 입다}해도 되는 회사도 있죠.

손님의 **entertainment**_{접대}도 기업 문화에 따라 차이가 납니다. 우선, 점심을 먹으면서 사업 얘기가 오고가는 문화가 있습니다. 이런 점심식사는 **business lunch**_{업무를 겸한 점심}라고 불리는데요. 이런 문화에서는 **client**_{고객}를 집으로 **invite**_{초대하다}하지는 않습니다. 저녁에 고객들, 동료들과 함께 마시고 노래 부르는 문화도 있고요. 마지막으로 **important contact**_{주요 고객}를 집으로 초대하는 문화가 있습니다. 때로는 큰 스포츠 행사에 고객들을 초대하기도 하죠.

업무에서 활용해보자!

1 프로젝트 일정 확인

A: How's the project going?
프로젝트는 어떻게 돼가요?

B: It's on schedule.
일정대로 되고 있습니다.

2 접대 문화

A: How are you entertaining them tonight?
그 사람들 오늘밤에 어떻게 접대할 거예요?

B: I booked a Karaoke room.
노래방 예약해두었어요.

단어암기 노트

- easy-going 태평스러운
- timescale/ timeframe 일정
- on schedule 일정대로
- ahead of schedule 일정보다 앞서서
- behind schedule 일정보다 늦게
- delay 지연시키다
- make up time 보충근무를 하다
- time management 시간 관리
- corporate culture 기업 문화

- dress code 복장 규정
- business suit 정장
- workday 평일
- dress casually 캐주얼하게 입다
- entertainment/ hospitality 접대
- business lunch 업무를 겸한 점심
- client 고객
- invite 초대하다
- important contact 주요 고객

02 >>> 일 그리고 회사

지금 여러분이 하고 있는 일은?

지각은 절대 금지

입사한 지 얼마 안 되는 때에는 긴장한 상태일 테니 지각할 일이 없겠지만 차츰 5분, 10분 지각하게 되는 경우가 생기죠. 지각하는 사람에게는 책임감을 찾아보기가 힘듭니다. 좋은 인사고과를 받고 싶다면 지각은 절대 금지!

저는 매일 아침 7시에 집에서 **leave for work**출근하다합니다. 물론 좀더 늦게 **wake up**일어나다할 때도 있지만요. 그리고 **be late for work**회사에 지각하다하지 않게 지하철로 **commute**출퇴근하다합니다. 그러다보면 8시경에 **arrive at work**회사에 도착하다합니다. 그리고 보통 5시까지 일하지요. 그러니까 **working hours**근무시간가 8시간 정도 되는 거지요. 당연히 **lunch time**점심시간을 빼고요. 어떤 회사들은 **flextime**자율근무시간제을 운영하는 곳도 있죠? 와~ 좋겠다! 아프거나 개인적으로 볼일이 있을 때는 **leave the office early**조퇴하다하거나 **half-day off**반차를 내기도 하죠. 1년에 한 번쯤은 **paid vacation**유급휴가을 떠나기도 하고요. 무단으로 **be absent**결근하다하면 불성실해보일 수 있으니 절대로 하지 마세요!

여러분들은 무슨 일을 하세요 What do you do?

저는 삼성전자에서 **project manager**프로젝트 매니저로 일하고 있습니다. 엔지니어팀을 **manage**관리하다하고 있고 약 30명이 제 밑에서 일하지요. 제 주요 **responsibility**책임 중의 하나는 새로운 제품이 **on time**제때에으로 완성되도록 관리하는 것이죠. 프로젝트의 **budget**예산을 짜는 일도 담당하고 있고요. 업무에 관련된 많은 사람들을 **deal with**상대하다하는 것도 저의 일이랍니다.

위의 진술이 다 진짜 제 얘기냐고요? 넵! 지금은 아니지만 옛날에는 그랬습니다. 다 관두고 영어가 좋아서 지금은 영어교육에 힘쓰고 있지만요. 아, 옛날이여~ ㅋㅋ

그래도 직장이 있다는 것이 어디입니까? **in work**직업이 있는한 사람보다 **out of work**직업이 없는한 사람이 더 많다는 사실, 알고 계셨나요? 또 **full-time job**정규직보다는 **part-time job**시간제 근무이 훨씬 많아지고 있다는 사실도요. 슬픈 현실이죠. ㅠㅠ 한편 요즘은 **working from home**집에서 일하는하는 사람들도 많이 생겨났어요. 이를 **teleworking**재택근무이라고 한답니다.

일 관련 표현

- 저는 해외영업을 담당하고 있습니다.
  I'm responsible for[in charge of] overseas sales.

- 저는 ~로 출근합니다.
  I get to work[commute] by bus. (버스로)
  I get to work[commute] by train. (기차로)

- 저는 ~까지 일합니다.
  I'm at work till 7 p.m. (저녁 7시까지)
  I'm at work till half past six. (6시 반까지)

업무에서 활용해보자!

1 통근 방법

A: How do you get to work?
회사에 어떻게 가세요?

B: By bike.
자전거로요.

2 업무 강도

A: How do you find your job?
하는 일 어때요?

B: It's very demanding.
너무 힘들어요.

단어암기 노트

- leave for work 출근하다
- wake up 일어나다
- be late for work 회사에 지각하다
- commute 출퇴근하다
- arrive at work/ get to work 회사에 도착하다
- working hours 근무시간
- lunch time 점심시간
- flextime 자율근무시간제
- leave the office early 조퇴하다
- half-day off 반차
- paid vacation 유급휴가
- be absent 결근하다
- project manager 프로젝트 매니저
- manage 관리하다

- responsibility 책임
- on time 제때에
- budget 예산
- deal with 상대하다
- in work 직업이 있는, 취직한
- out of work 직업이 없는
- full-time job 정규직
- part-time job 시간제 근무
- teleworking 재택 근무
- be responsible for/ be in charge of ~을 담당하다
- overseas sales 해외영업
- demanding 지나친 요구를 하는; (일이) 큰 노력을 요하는

03 >>> 일 그리고 회사

일자리 좀 주세요!

미국 필라델피아에서 MBA를 마치고 귀국해서 일자리를 찾던 일이 마치 어제 일처럼 생각이 나네요. 삼성전자 **interview**면접를 볼 때의 일인데요. 면접이 오후에 있는 줄 알고 자다가 **personnel department**인사과 직원한테 연락을 받고 부랴부랴 나간 적이 있었습니다. 다행히 붙긴 했지만 정말 간담이 서늘했던 하루였습니다.

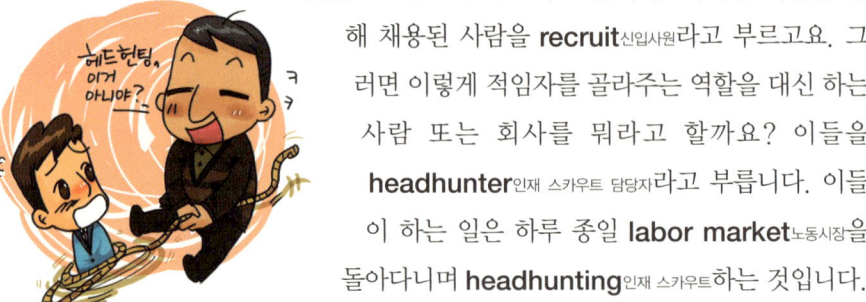

회사에서 일할 사람들을 **hire**고용하다하기 위해 **right person**적임자을 골라내는 것을 **recruitment**채용라고 합니다. 이러한 과정을 통해 채용된 사람을 **recruit**신입사원라고 부르고요. 그러면 이렇게 적임자를 골라주는 역할을 대신 하는 사람 또는 회사를 뭐라고 할까요? 이들을 **headhunter**인재 스카우트 담당자라고 부릅니다. 이들이 하는 일은 하루 종일 **labor market**노동시장을 돌아다니며 **headhunting**인재 스카우트하는 것입니다.

채용 **procedure**절차는 회사마다 다르지만 모두 같은 일로 두통 headache에 시달립니다. 엄청난 양의 **résumé**이력서와 **cover letter**커버레터를 **screen**적격 심사를 하다해야 하니까요. 요즘은 이력서와 자기소개서를 여러 가지 방법으로 받으니 해야 할 일이 더 많아지고 있죠. **applicant**지원자들이 직접 써서 보내는 이메일, **company Web site**회사 웹사이트에 있는 **Web form**웹 양식, 그리고 **on-line job board**온라인 구인 게시판 등등 수많은 곳으로부터 문서가 들어오거든요. 우리의 가엾은 **personnel staff**인사과 직원들.

> **이력서를 갱신하라!**
>
> 1년에 한 번씩은 자신이 어떠한 프로젝트를 담당했는지, 어떠한 업무를 처리했는지 정리하는 시간을 가져야 합니다. 비단 이직을 위해서만이 아니라 자신의 강점과 약점, 커리어의 방향을 만들어나가는 데 유용한 시간이 되기 때문입니다.

이렇게 들어온 지원서들은 그 회사의 **selection process**선발 과정를 거치게 됩니다. 이 과정에서 인사과 직원들이 중요하게 고려하는 점은 아래의 네 가지입니다.

1. **background**배경
2. **work experience**직장 경력
3. **qualification**자질
4. **letter of recommendation**추천서

배경은 특히 **academic background**학력를 보게 되죠. **bachelor's degree**학사학위인지 **master's degree**석사학위인지 아니면 **doctor's degree**박사학위인지 말이에요.

직장 경력은 고용되는 사람이 어느 정도의 업무 **skill**기술을 보유하고 있느냐를 가늠할 수 있는 잣대가 된답니다. 대부분의 회사에서는 **unskilled**숙련되지 않은한 사람보다는 **highly skilled**매우 숙련된한 사람을 선호하죠. 나라도 그렇겠다~ 대신 연봉은 많이 줘야겠죠?

unskilled / highly skilled

당신은 과연 회사가 진정으로 원하는 사람일까요? 다음 표에 체크해보세요!

	Check
team player 팀워크를 중시하는 사람	
numerate 숫자에 강한	
motivated 주어진 일을 잘하려고 하는	
computer-literate 컴퓨터를 잘 활용하는	
systematic 체계적인	
self-starter 스스로 잘 해내는	
talented 재능 있는	

위의 사항을 모두 고려한 후 적임자들에게 일자리를 **offer** 제안하다 하면 지원자들은 이를 **accept** 받아들이다 하기도 하고 맘에 안 차면 **turn down** 거절하다 하기도 합니다.

사실 일자리를 받아들이고 안 받아들이고는 **salary** 봉급 와 기타 **benefits package** 복리후생 에 의해 크게 좌우되죠. 어떤 회사는 **basic salary** 기본급 를 따로 주고 영업 실적이나 업무 성과에 따라 급여를 더 지급하는 **incentive pay** 성과급 제도를 운영하기도 하는데요. 아, 내가 좀더 유능하면 입사할 때 회사에서 차도 받을 수 있으련만……. 그리고 나중에 퇴직할 때를 대비해서 **severance payment** 퇴직금 는 어떻게 산정되는지도 알아보세요. 제가 너무 심했나요? 들어가자마자 나갈 생각이라니. ㅋㅋ

구조조정

외국에서 구조조정이라는 것은 우리나라보다 광범위한 의미로 사용됩니다. 재무 전략이나 사업 계획 등의 재검토라는 의미로 말입니다. 따라서 인원 삭감 같은 목적의 구조조정은 cutback이나 downsizing이 더 정확한 표현입니다.

스스로 회사에서 걸어나오는 것은 좋은데요. **be dismissed** 해고되다 되지는 마세요. 제 친구 한 명도 이번에 **performance review** 업무 평가 가 형편없다고 그만……. **downsizing** 인원 삭감 할 경우에도 **layoff** 일시 해고 가 발생한답니다.

업무에서 활용해보자!

1 자기 소개

A: Can you tell me about yourself?
자신에 대해 소개 좀 해주실래요?

B: Yes. I'm a team player and good with computers.
네. 저는 팀워크를 중시하며 컴퓨터를 잘 다룹니다.

2 취업 제안

A: Why didn't you accept their job offer?
그들의 일자리 제안을 왜 받아들이지 않았어요?

B: The salary was too low.
급여가 너무 낮았어요.

단어암기 노트

- interview 면접
- personnel department 인사과
- hire 고용하다
- right person 적임자
- recruitment/ hiring 채용
- recruit 신입사원
- headhunter/ recruiter/ recruitment[employment] agent 인재 스카우트 담당자
- labor market 노동시장
- headhunting 인재 스카우트
- procedure 절차
- résumé 이력서
- cover letter 커버레터
- screen 적격 심사를 하다, 가려내다
- applicant 지원자
- company Web site 회사 웹사이트

- ☐ Web form 웹 양식
- ☐ on-line job board 온라인 구인 게시판
- ☐ personnel staff 인사과 직원
- ☐ selection process 선발 과정
- ☐ background 배경
- ☐ work experience 직장 경력
- ☐ qualification 자질
- ☐ letter of recommendation 추천서
- ☐ academic background 학력
- ☐ bachelor's degree 학사학위
- ☐ master's degree 석사학위
- ☐ doctor's degree/ doctoral degree 박사학위
- ☐ skill 기술
- ☐ unskilled 숙련되지 않은
- ☐ highly skilled 매우 숙련된
  (cf. I'm skilled at/ skilled in/ good with ~에 능숙하다)
- ☐ team player 팀워크를 중시하는 사람
- ☐ numerate 숫자에 강한
- ☐ motivated 주어진 일을 잘하려고 하는
- ☐ computer-literate 컴퓨터를 잘 활용하는
- ☐ systematic 체계적인
- ☐ self-starter 스스로 잘 해내는
- ☐ talented 재능 있는
- ☐ offer 제안하다
- ☐ accept 받아들이다
- ☐ turn down 거절하다
- ☐ salary 봉급
- ☐ benefits package 복리후생
- ☐ basic salary 기본급
- ☐ incentive pay 성과급
- ☐ severance payment (일시 해고 시의) 퇴직금
- ☐ be dismissed/ be fired 해고되다
- ☐ performance review 업무 평가
- ☐ downsizing 인원 삭감
- ☐ layoff 일시 해고

EXERCISE

01 해당되는 의미를 찾아 이어보세요!

(1) easy-going · · A 태평스러운
(2) working hours · · B 추천서
(3) full-time job · · C 지원자
(4) ahead of schedule · · D 접대
(5) corporate culture · · E 정규직
(6) entertainment · · F 일정보다 앞서가는
(7) commute · · G 기업 문화
(8) applicant · · H 근무시간
(9) personnel department · · I 인사과
(10) letter of recommendation · · J 출퇴근하다

02 빈칸에 단어를 채워보세요!

> team player   hire   at work   master's degree   fired

(1) He is a _____.
그는 팀워크를 중시하는 사람입니다.

(2) He has a _____ from the University of Pennsylvania.
그는 펜실베이니아 대학교의 석사학위 소지자입니다.

(3) We are planning to _____ three more engineers.
엔지니어를 세 명 더 고용할 계획입니다.

(4) I'm _____ till 8:30 p.m.
저는 저녁 8시 30분까지 일합니다.

(5) My friend was _____ due to age discrimination.
제 친구는 연령 차별 때문에 해고되었습니다.

Answer
01 (1) A (2) H (3) E (4) F (5) G (6) D (7) J (8) C (9) I (10) B
02 (1) team player (2) master's degree (3) hire (4) at work (5) fired

CHAPTER 4
외국 손님 접대

01 >>> 외국 손님 접대

깍듯이 모시기

오늘은 외국에서 buyer바이어들이 오는 날! overseas해외에서에서 온 그들을 어떻게 entertain접대하다하느냐에 따라 회사의 운명destiny이 달라집니다.

그날도 미리 준비해둔 각본대로 상무님께 보고를 드리고 공항으로 pick up 마중나가다하러 나갔죠. 오랜만에 공항 공기를 쐬니까 저도 머리가 맑아지더라고요. 만일 마중 나갈 여유가 안 되면 company car회사 차라도 보내세요. 감동해서 눈물 팍! 쏟을걸요? ㅎㅎ

아무튼 저는 어느 화창한 봄날, 인천 공항에서 해외 손님들을 만났답니다.

> **사전 준비**
>
> 고객의 지역적 특성, 수준, 목적 등을 감안해 일정을 잡고, 이동경로와 현지 준비사항을 점검합니다. 손님을 모시고 차량으로 이동할 때는 동승객들의 자리 배정에 신경을 써야 합니다. 오른쪽 뒷좌석, 왼쪽 뒷좌석, 조수석, 뒷좌석 가운데 순으로 상석이 정해집니다.

환영 표현

I	**Hey, Scott! Welcome to Korea!** 여기요, 스캇! 한국에 오신 걸 환영합니다!
Scott	**Oh, Howard!** 아, 하워드!
I	**How was your flight?** 여행은 어떠셨어요?
Scott	**It was great.** 아주 좋았어요.

음료수 준비

동서양 공통으로 회의 시 음료는 생수, 종이컵, 커피, 머그잔 정도를 준비하면 됩니다.

그리고서 일행을 accommodation숙소으로 깔끔하게 모셨죠. 이동 중에 스타벅스에 drop by들르다하는 것도 잊지 않았고요. 미국인들은 스타벅스를 참 좋아하거든요. 얼마나 커피를 좋아하면 'Wake up and smell the coffee일어나서 커피 냄새 맡으세요.' 라는 말이 있겠어요?

제안 표현

| Do you guys want to drop by a Starbucks?
스타벅스 들를까요?

Scott   That sounds beautiful!
너무 좋아요!

그렇게 저는 일행을 호텔로 데려다놓고 그 다음 날 아침 일찍 호텔로 다시 갔죠. 왜냐고요? 갖다났으면 도로 가져와야 할 거 아니에요. ㅋㅋ

호텔 로비에 도착해서 손님들 방으로 전화를 걸었죠.

도착 알림 표현

| Scott, this is Howard. I'm here in the lobby to pick you up.
스캇, 하워드예요. 로비에 모시러왔어요.

Scott   Okay, I'll be down soon.
네, 곧 내려갈게요.

그런데 여러분은 손님을 회사로 모시는 동안 어떤 이야기를 하나요? 한국의 weather날씨 얘기도 할 수 있고 economy경제 얘기도 할 수 있겠죠.

아무래도 외국인과 가장 쉽게 분위기를 풀 수 있는 주제는 날씨입니다. cloudy흐린한 날씨도 있을 테고 rainy비오는 한 날씨, 또 clear맑은하고 sunny화창한 한 날씨, capricious변덕스러운한 날씨가 있겠죠. 계절에 따라서도 이야기를 풀

피해야 할 화제

1. 듣는 사람이 이해할 수 없는 전문 용어
2. 정치, 도덕, 종교, 질병 또는 사적인 장래계획 등의 민감한 사안
3. 특정 주제에 대해 끊임 없이 늘어놓기

어나갈 수 있습니다. 봄이라면 **mild**따뜻한 하고, 여름이라면 **rainy season**장마철이 지나면서 **hot**무더운한 날들이 이어지고, 가을이라면 **cool**서늘한하겠죠? 겨울은 **cold**추운하고요. 기후에 관해서는 **global warming**지구온난화 같은 주제로 이야기를 이어갈 수도 있겠네요.

좀 무거운 주제로 해외 손님들에게 좀 있어 보이고 싶다면 경제에 대해 이야기해보세요. **stock price**주가는 **fall**떨어지다하고 **prices**물가는 **rise**오르다해서 **economic recession**경기 침체이 우려되기는 하지만 곧 **recover**회복하다 될 것 같다고요.

sports스포츠 얘기는 어떨까요? 만국 공통의 관심사니까요. 미국 고객이라면 **baseball**야구이나 **basketball**농구, 영국 고객은 **soccer**축구, 캐나다 고객은 **ice hockey**아이스하키 등 그 나라의 인기 종목에 관해서 미리 알아두면 이야기가 수월하게 풀리겠죠. 국제적으로 중요한 경기가 있었다면 경기 결과가 **win**이기다이었는지 **lose**지다였는지 아니면 **draw**비기다였는지에 대해서 이야기해보세요. 또 극적으로 **come from behind**역전하다해서 이겼던 경기에 대해서도요. 저는 **MLB(Major League Baseball)**메이저리그 야구 이야기를 했는데 반응이 아주 좋았던 것으로 기억이 납니다.

업무에서 활용해보자!

1 날씨

A: What's the weather like in LA?
LA 날씨는 어때요?

B: It's sizzling hot now.
지금 엄청 더워요.

2 경제

A: Stock prices are falling.
주가가 떨어지고 있어요.

B: I'm sorry to hear that.
그거 안됐네요.

A: To make the matters worse, food prices are rising.
설상가상으로 음식 가격이 오르고 있어요.

3 스포츠

A: Who won the game?
누가 이겼어요?

B: The Boston Red Sox won the game over the Anaheim Angels 4 to 3. They came from behind and won that game.
보스턴 레드삭스가 애너하임 에인절스에게 4대3으로 이겼어요. 역전승했죠.

단어암기 노트

- buyer 바이어, 구매 고객
- overseas 해외에서
- entertain 접대하다
- pick up/ collect 마중나가다
- accommodation/ lodging 숙소
- drop by 들르다
- weather 날씨
- economy 경제
- cloudy 흐린
- rainy 비오는
- clear 맑은
- sunny 화창한
- capricious 변덕스러운
- mild 따뜻한
- rainy season 장마철
- hot/ sizzling 무더운
- cool 서늘한
- cold/ freezing 추운
- global warming 지구온난화
- stock price 주가
- fall 떨어지다
- prices 물가
- rise 오르다
- economic recession 경기 침체
- recover 회복하다
- sports 스포츠
- baseball 야구
- basketball 농구
- soccer 축구
- ice hockey 아이스하키
- win 이기다
- lose 지다
- draw 비기다
- come from behind 역전하다
- MLB(Major League Baseball) 메이저리그 야구

02 >>> 외국 손님 접대

식사 대접도 즐겁게

해외 바이어를 즐겁게 해주는 것은 또 다른 **task**업무 중의 하나입니다. 비즈니스도 사람이 하는 것입니다. 성의 없이 접대하면 나중에 표가 난답니다. 그렇다고 이상한 곳은 데려가지 마세요! ㅋㅋ

식사 이름 알아두기

식사는 손님의 취향, 목적, 분위기에 맞게 장소를 결정해야 합니다. 메뉴에 대해서도 사전에 미리 확정할 것인지, 식사 자리에 가서 결정할 것인지를 미리 정해두어야 하며 식당에서 메뉴를 정하는 경우 두세 가지 메뉴 중에서 손님이 선택할 수 있도록 미리 추천 메뉴를 골라두어야 합니다.

해외 바이어들과의 기나긴 제품 일정 회의를 마치고 나니 저녁 7시. '저녁으로 뭘 먹일까? **Korean food**한식, **Chinese food**중식, **Western food**양식, **Thai food**태국 음식······' 하고 고민하던 찰나에 제 부사수가 "그래도 한국에 왔으니 한국 맛을 보여줘야죠."라고 하더라고요. 그래서 일대에서 가장 맛있다는 한우 전문점을 예약하라고 했죠. 그래서 회사 돈으로 목에 기름칠 좀 하는 날이구나 하며 속으로 쾌재를 불렀습니다. 해외 바이어들은 물론 저에게도 접대하는 날이었습니다. ㅎㅎ

우린 짠 음식도, 매운 음식도 다 좋아하죠. 미국인들은

salty짠 음식은 좋아하는 반면 **spicy**매운한 음식은 좀 힘들어합니다. 서양인들 대부분이 **greasy**기름진하고 **sweet**단한 음식을 매우 좋아하죠. 그래서 그렇게 비만인구가 많은가 봅니다. 우리는 그들에 비하면 마른 편이죠.

자, 바이어에게 우리나라 음식을 소개할 때를 대비해 이름을 알아볼까요?

1. 밥 종류
    - **bean sprouts over rice**콩나물밥
    - **fried rice**볶음밥
    - **rice mixed with meat, vegetables, and egg**비빔밥

2. 반찬
    - **anchovy stir fry**멸치볶음
    - **boiled tofu**삶은 두부
    - **spicy rice-cake strings**떡볶이
    - **steamed egg**계란찜
    - **kimchi soup**김치찌개

3. 면 종류
    - **bean noodles**콩국수
    - **Chinese style black noodles**자장면
    - **glass noodle stir-fry**잡채
    - **cold buckwheat noodles**냉면

4. 죽 종류
    - **vegetable porridge**야채죽
    - **chicken porridge**닭죽
    - **pine nut porridge**잣죽
    - **pumpkin porridge**호박죽

비즈니스 식사 예절

1. 식당에는 접대자가 먼저 들어갑니다.
2. 손님에게 자리를 권하고나서 앉습니다.
3. 주문은 접대자가 먼저 합니다.
4. 와인은 접대자가 시음해보는 것이 맞습니다.
5. 건배는 손잡이가 달린 잔으로 하는 것입니다.
6. 식사는 주문한 음식이 모두 나왔을 때 시작합니다.

한국 음식을 먹을 때 불편한 점은 **sit on the floor with legs bent**다리를 구부리고 방바닥에 앉아하고 먹어야 한다는 점이죠. 서양인들에게 여간 불편한 것이 아닙니다. 이럴 땐 **cushion**방석을 여러 개 제공해보세요. 그 위에 앉을 수 있게요. 한결 편안해할 겁니다.

karaoke노래방도 권해보세요. 노래 부르기를 좋아하는 사람도 많으니까요.

모든 접대가 끝나면 **designated driver**대리 운전사를 부르든지 택시나 회사 차량으로 숙소로 모십니다. 그러면 접대 끝~!!

업무에서 활용해보자!

1 한국 음식

A: Isn't this Kimchi soup too spicy for you?
김치찌개가 당신한테 너무 맵지 않나요?

B: Yes, it is. Can I get something greasy instead?
네, 그러네요. 대신에 좀 기름진 음식 없을까요?

2 손님 접대

A: Are you okay, Michael?
괜찮아요, 마이클?

B: I think I need some cushions to sit on. My legs are getting numb.
깔고 앉을 방석이 좀 필요한데요. 다리가 저려서요.

3 손님 배웅

A: Our company car will take you to your hotel.
회사 차로 호텔까지 모셔 드릴게요.

B: Thank you, Richard. I really appreciate what you've done for us tonight.
고마워요, 리처드. 오늘 저녁 대접해주셔서 정말 감사합니다.

단어암기 노트

- task 업무
- Korean food 한식
- Chinese food 중식
- Western food 양식
- Thai food 태국 음식
- salty 짠
- spicy 매운
- greasy 기름진
- sweet 단
- bean sprouts over rice 콩나물밥
- fried rice 볶음밥
- rice mixed with meat, vegetables, and egg 비빔밥
- anchovy stir fry 멸치볶음
- boiled tofu 삶은 두부
- spicy rice-cake strings 떡볶이
- steamed egg 계란찜
- Kimchi soup 김치찌개
- bean noodles 콩국수
- Chinese style black noodles 자장면
- glass noodle stir-fry 잡채
- cold buckwheat noodles 냉면
- vegetable porridge 야채죽
- chicken porridge 닭죽
- pine nut porridge 잣죽
- pumpkin porridge 호박죽
- sit on the floor with legs bent 다리를 구부리고 방바닥에 앉다
- cushion 방석
- karaoke 노래방
- designated driver 대리 운전사

EXERCISE

01 해당되는 의미를 찾아 이어보세요!

(1) accommodation · · A 지구온난화
(2) sizzling · · B 볶음밥
(3) economic recession · · C 매운
(4) stock price · · D 숙소
(5) entertain · · E 경기 침체
(6) global warming · · F 주가
(7) draw · · G 접대하다
(8) spicy · · H 무더운
(9) designated driver · · I 대리 운전사
(10) fried rice · · J 비기다

02 빈칸에 단어를 채워보세요!

> sunny   drop by   Stock prices   from behind   company car

(1) We will _____ a Starbucks on the way to the office.
사무실 가는 길에 스타벅스에 들릴 거예요.

(2) Samsung Lions came _____ to win the game!
삼성 라이온즈가 역전승을 했습니다!

(3) The _____ is waiting for you in front of the hotel.
회사 차가 호텔 앞에서 당신을 기다릴 거예요.

(4) _____ are falling these days.
요즘 주가가 떨어지고 있어요.

(5) It has been _____ and mild today.
오늘은 해가 나고 온화했습니다.

Answer
01 (1) D (2) H (3) E (4) F (5) G (6) A (7) J (8) C (9) I (10) B
02 (1) drop by (2) from behind (3) company car (4) Stock prices (5) sunny

웃지마! 나 비즈영어책이야.

처음 가는 해외출장

Chapter 1 출국 그리고 입국

Chapter 2 호텔, 레스토랑에서 기죽지 말자

CHAPTER 1
출국 그리고 입국

01 >>> 출국 그리고 입국

호텔 예약하기

"hotel reservation호텔 예약은 했어?" 부장님께서 물으신 적이 있어요. 그때 미국 필라델피아에서 열리는 제품 개발 회의에 참석하기 위해 business trip 출장을 가기로 되어 있었거든요. '아, 당연하지. 참, 별걸 다 참견이셔, 정말.' 이라고 생각하더라도 겉으로는 "아, 네. 다 잘되어 갑니다, 부장님. 부장님은 너무 자상하세요."라고 말해야 하는 게 회사원들의 정답 아니겠어요? 한 번 더 확인사살 멘트가 날아옵니다. "아무튼 in advance미리로 잘 준비해서 차질 없도록 해. 이번 회의 얼마나 중요한 건지 알지?" 이때도 시원하게 "네!"하고 대답하는 거 잊지 마세요.

호텔 예약 후 바우처 수령

대형 컨퍼런스나 박람회 등으로 성수기인 도시로 출장을 가게 된다면 호텔 예약 시에 예약을 확인해주는 서류인 바우처를 꼭 받도록 합니다. 막상 도착했는데 예약이 안 되어 있다고 오리발 내미는 상황을 맞을 수도 있으니까요.

예약이 어려운 상황이라면 해외에서 만날 비즈니스 파트너에게 숙소를 reserve예약하다해달라고 요청할 수도 있습니다. 그 정도는 결례가 되는rude 일이 아니니 너무 걱정하지 마세요. location위치은 어디였으면 좋겠고, price range가격대는 어느 정도였으면 하는지, 그리고 인근의 facility편의 시설는 어떠어떠한 것들이 있었으면 좋겠다는 것을 정리해서 알려주면 비즈니스 파트너가 잘 처리해줄 겁니다.

직접 호텔을 예약한다고 생각하고 **type of rooms** 호텔방의 유형부터 알아볼까요?

1. **standard room** 기본실 : 가장 싼 방으로 기본적인 **fixture** 붙박이가구와 TV, 전화, **refrigerator** 냉장고 등을 갖춘 방입니다. 회사의 말단 직원들은 대부분 이 방을 예약하죠.
2. **moderate room** 보통실 : 기본실보다 조금 나은 정도입니다.
3. **superior room** 고급실 : **room size** 방 크기나 가구가 위의 두 방보다는 훨씬 낫습니다.
4. **deluxe room** 특별실 : 최고의 방이라고 할 수 있습니다. **interior** 실내 장식, 창밖의 **landscape** 풍경, 가구, 방 크기 등 모든 면에서 탁월 outstanding 합니다. 딱 보기에도 **luxury** 고급스러운해 보이는 방입니다. 여기에서부턴 회사의 **middle manager** 중간관리자 이상이 묵게 되죠.
5. **suite room** 귀빈실 : 특별실이 최고의 방인데 이보다 더 좋은 방이라면 상상이 되십니까? 방도 두 개 이상이고 **living room** 거실도 있고 심지어 **cooking facilities** 주방 시설가 있는 곳도 있답니다. 이런 방은 회사 **executive** 임원가 찾는 방입니다.

침대의 크기에 따라 부르기도 하는데 **single** 싱글이 제일 작고, **twin** 트윈(두 개의 일인용 침대가 있는 방), **double** 더블, **queen** 퀸, **king** 킹 순으로 크기가 커집니다.

방 크기 외에도 인터넷 시설이 되어 있는지, **business center** 비즈니스센터가 있어 팩스나 프린터를 자유롭게 사용할 수 있는지도 미리 살펴야 할 중요한 요소랍니다. 요즈음은 휴대폰 **battery charger** 충전기를 **free of charge** 무료로 사용할 수 있도록 해놓은 곳도 많더라고요.

호텔을 예약할 때는 **time of arrival** 도착 시간과 **time of departure** 떠나는 시간를 알려줘야 합니다. 호텔에서의 **length of one's visit** 체류 기간은 **night** 박로 표현

하므로 네 밤을 자기로 되어 있으면 "Four nights."라고 하면 됩니다.

마지막으로 결제를 해야겠죠? **method of payment**결제 방법은 **cash**현금, **credit card**신용카드, **traveler's check**여행자수표 등으로 다양하니 회사에서 정산받을 수 있는 가장 간편한 수단을 쓰시면 되겠습니다.

호텔의 위치는 되도록 방문하고자 하는 회사에서 가까운 곳으로 정하세요. 그래야 **transportation fee**교통비도 줄이고 아침에 덜 서둘러도 되죠. ^^

숙소 이름을 프린트해둘 것

해외 거래처에서 공항으로 마중을 나와주면 좋겠지만 그렇지 않을 경우 숙소 이름과 주소를 프린트해가면 숙소를 찾을 때 유용합니다. 비영어권 국가로 출장을 가게 된다면 필수!

업무에서 활용해보자!

1 호텔 예약 요청

A: Could you make a reservation for a hotel room under my name?
제 이름으로 호텔방을 예약해주실래요?

B: Surely. How many nights are you planning to stay?
물론이죠. 얼마나 묵을 건데요?

A: I'm staying three nights.
세 밤 묵을 겁니다.

2 숙소 예산

A: I'm only budgeted for $80 per night. Can you reserve a hotel room cheaper than that?
하룻밤에 80달러로 예산이 잡혀 있어요. 그보다 싼 방으로 잡아주시겠어요?

B: No problem.
문제없어요.

3 숙소 조건 (1)

A: I'm looking for a hotel with a business center.
비즈니스센터가 있는 방을 원해요.

B: I will find one for you.
제가 하나 찾아드릴게요.

4 숙소 조건 (2)

A: Is there a hotel near your office?
사무실 근처에 호텔 있어요?

B: Yes, there is one called 'Lakewood Hotel'. It's just 5 minute walking distance from my office.
네, 레이크우드라는 호텔이 있어요. 제 사무실에서 걸어서 5분 거리예요.

단어암기 노트

- **hotel reservation/ hotel booking** 호텔 예약
- **business trip** 출장
- **in advance** 미리
- **reserve/ make a reservation for** 예약하다
- **location** 위치
- **price range** 가격대
- **facility** 편의 시설
- **type of rooms** 호텔방의 유형
- **standard room** 기본실
- **fixture** 붙박이가구
- **refrigerator** 냉장고
- **moderate room** 보통실
- **superior room** 고급실
- **room size** 방 크기
- **deluxe room** 특별실
- **interior** 실내 장식
- **landscape** 풍경
- **luxury** 고급스러운
- **middle manager** 중간관리자
- **suite room** 귀빈실
- **living room** 거실
- **cooking facilities** 주방 시설
- **executive** 임원
- **single** 싱글, 1인용의, 1인용방
- **twin** 트윈, 두 개의 1인용 침대가 있는 방
- **double** 더블, 2인용의, 2인용 침대가 있는 방
- **queen** 퀸, 중특대 침대
- **king** 킹, 특대 침대
- **business center** 비즈니스센터(사업과 관련된 일을 한꺼번에 처리할 수 있도록 관련 시설을 한 곳에 모아 놓은 곳)
- **battery charger** 충전기
- **free of charge** 무료로
- **time of arrival** 도착 시간
- **time of departure** 떠나는 시간
- **length of one's visit** 체류 기간
- **night** 박
- **method of payment** 결제 방법
- **cash** 현금
- **credit card** 신용카드
- **traveler's check** 여행자수표
- **transportation fee** 교통비
- **be budget for** ~(금액)으로 예산이 잡혀 있다

02 >>> 출국 그리고 입국

두근두근 출국

여권 유효 기간
여권의 유효 기간을 기재된 날짜로 생각하면 안 됩니다. 유효기간에서 6개월 미만으로 남게 되면 비행기 탑승이 불가능하니 미리 확인하세요.

출국 준비에 한창이신 여러분, 마지막 점검! **passport**여권는 챙기셨겠죠? 혹시 **expire**만료되다 된 것은 아니시죠? 노파심에 그럽니다. 만료되었으면 재빨리 **extend**연장하다하거나 새로 발급 받으세요. 제 동료 중의 한 명이 일본으로 출장 간다더니 아, 글쎄 그날 오후에 다시 나타나더라고요. "아니, 어떻게 된 거야?" 했더니, "어, 여권이 만료됐대. ㅠㅠ" 오 마이 갓! 이런 일은 있을 수도 없고 있어서도 안 됩니다! 또 **visa**비자도 **valid**유효한 상태인지 반드시 확인하세요. 당연히 **boarding pass**탑승권도 챙기셔야 합니다.

자, 그럼 한국을 떠나서 미국the United States으로 **enter**입국하다해볼까요? 한국을 떠나는 것은 그리 어렵지 않죠. 다 한국말로 하면 되잖아요.

단, 몇 가지만 당부하면, **departure card**출국 신고서와 **arrival card**입국 신고서는 미리 써놓으세요. 나중에 **submit**제출하다해야 하는데 미리 써놓으면 귀찮은 **cumbersome** 일을 줄일 수 있습니다. 또 **money exchange**환전소에서

exchange환전하는 것도 잊지 마시고요. 가방은 **check-in baggage**부칠 가방와 **carry-on baggage**들고타는 가방로 나뉩니다. 보통 무거운 가방을 부치죠? 짐을 부칠 땐 이렇게 말하세요.

짐 부칠 때 쓰는 표현

I'd like to check in my luggage.
짐 좀 부치고 싶습니다.

자, 그러면 공항으로 들어갑시다~ 공항에 들어가면 가장 눈에 띄는 것이 **duty free shop**면세점이죠. 그외에도 많은 상점이 있지만 다 알 필요는 없겠죠? 중요한 것은 **departure[boarding] gate**탑승구 찾기니까요.

departure time출발 시간이 다가오면 **board**탑승하다하세요. 그러면 **stewardess**스튜어디스가, 아니 요즘은 이렇게 부르죠. **flight attendant**승무원들이 **seat number**좌석 번호에 따라 여러분을 안내해줄 겁니다. 만일 좌석이 **full seat**만석이 아니라면 **vacant seat**빈 자리를 찾아 옮길 수도 있죠.

> **politically correct**
> 언어의 표현이나 용어에 인종, 민족, 종교, 성차별 등의 편견이 포함되지 않는 것을 의미하는 것으로 politically correct라고 하고 PC라고도 말합니다. 예를 들어 fireman을 firefighter로, chairman을 chairperson 등으로 표현하는 것입니다.

여러분은 **window seat**창가쪽 좌석을 좋아하세요, **aisle seat**복도쪽 좌석을 좋아하세요? 설마 양쪽이 다 찬 **middle seat**중간석을 좋아하시는 분은 없겠죠? 저는 중간석이 가장 끔찍하답니다. 화장실 갈 때마다 눈치를 짱 봐야 하거든요. ㅠㅠ 비행기를 많이 타본 베테랑이라면 복도쪽 좌석을 선호하죠. 가만히 있다가 주는 대로 자리 배정받지 말고 이렇게 말해보세요.

자리 요청 표현

Can I get a window seat?
창가쪽 자리 주실래요?

좌석 위를 보면 짐을 싣는 **baggage compartment**짐칸가 있습니다. 거기에 짐을 올리세요. 손이 닿지 않으면 역시 승무원을 부르세요.

long flight장거리 비행에는 식사가 제공되죠. 그것도 여러 번이요! 마음껏 즐기세요. 식사는 우리의 기쁨이죠!! 기내에서 제공되는 음식에는 이런 것들이 있습니다.

튜브 고추장 챙기기

우리나라 항공사를 이용할 경우 기내식과 함께 제공되는 튜브 고추장은 해외 출장 시 느끼한 음식이 지겨워졌을 때 매우 유용합니다.

1. **beverage**음료수

    : **coffee**커피/ **coke**콜라/ **juice**주스/ **tea**차/ **green tea**녹차/ **beer**맥주/ **whisky**위스키/ **red wine**적포도주/ **white wine**백포도주/ **ice cube**얼음

2. **meal**식사

    : **beef**소고기/ **chicken**닭고기/ **pork**돼지고기/ **fish**생선/ **fried rice**볶음밥/ **vegetarian meal**야채음식/ **bread**빵/ **dessert**디저트/ **salad**샐러드

음료 요청 표현

Can you get me <u>a coke</u>, please?
콜라 한 잔 주실래요

a coke 자리에 위의 것들을 넣어서 얘기해보세요.

밥을 먹었으니 식곤증이 몰려오겠죠? 잠을 제대로 자고 싶을 땐 **pillow**베개와 **blanket**담요을 요청하세요. 먹은 것이 소화가 잘 되지 않고 멀미를 하는 경우에는 **sickness bag**멀미봉투을 달라고 해도 됩니다. 너무 오랫동안 움직이지 않으면 **economy class syndrome**일반석 증후군에 걸릴 수 있으니 앉아 있는 동안에도 발가락을 꼼지락거리는 거 잊지 마시고요.

좌석의 등급을 알아볼까요? 180° 각도로 누워서 갈 수 있는 **first class**일등석,

약간 굽혀서 누워야 하는 **business class**비즈니스석, 고속버스 좌석보다도 못한 **economy class**일반석로 나눈답니다. 형편에 맞게 골라 타시면 되겠습니다. 돈 많으시면 "I'd like to fly first class일등석이요."라고 당당히 외쳐 보세요. ㅋㅋ

저는 이런 경우도 있었답니다. 비행기를 탔는데 승무원이 슬그머니 부르더라고요. 그래서 순간 '내가 무슨 범죄라도 저질렀나?' 라고 불길한 생각을 했는데 승무원이 이렇게 말하더군요. "The seats are full. Please sit here만석이니 여기 앉으세요." 그때가 난생 처음 비즈니스석을 탔던 날입니다. 아~ 그때 먹던 비즈니스석 기내식은 정말 잊을 수 없어요! 그때는 그 지겹던 **take-off**이륙부터 **landing**착륙까지가 얼마나 짧게 느껴졌는지 모릅니다. ㅠㅠ

업무에서 활용해보자!

1 비자 기간 확인

A: Check if your visa is still valid.
비자가 아직 유효한지 확인해보세요.

B: My visa is valid until next year.
내년까지 유효해요.

2 소요 시간 확인

A: How long does it take to get to LA?
LA까지 가는 데 얼마나 걸리죠?

B: It will take about 12 hours.
약 12시간 걸릴 거예요.

단어암기 노트

☐ passport 여권

☐ expire 만료되다

☐ extend 연장하다

☐ visa 비자

☐ valid 유효한

☐ boarding pass 탑승권

☐ enter 입국하다

☐ departure card 출국 신고서

☐ arrival card/ landing card 입국 신고서

☐ submit 제출하다

☐ money exchange 환전소

☐ exchange 환전; 환전하다

☐ check-in baggage 부칠 가방

☐ carry-on baggage 들고타는 가방

☐ duty free shop 면세점

☐ departure gate/ boarding gate 탑승구

- departure time 출발 시간
- board 탑승하다
- stewardess 스튜어디스
- flight attendant 승무원
- seat number 좌석 번호
- full seat 만석
- vacant seat 빈 자리
- window seat 창가쪽 좌석
- aisle seat 복도쪽 좌석
- middle seat 중간석
- baggage compartment 짐칸
- long flight 장거리 비행
- beverage 음료수
- coffee 커피
- coke 콜라
- juice 주스
- tea 차
- green tea 녹차
- beer 맥주
- whisky 위스키
- red wine 적포도주
- white wine 백포도주
- ice cube 얼음
- meal 식사
- beef 소고기
- chicken 닭고기
- pork 돼지고기
- fish 생선
- fried rice 볶음밥
- vegetarian meal 야채음식
- bread 빵
- dessert 디저트
- salad 샐러드
- pillow 베개
- blanket 모포, 담요
- sickness bag 멀미봉투
- economy class syndrome 일반석 증후군
- first class 일등석
- business class 비즈니스석
- economy class 일반석
- take-off 이륙
- landing 착륙

03 >>> 출국 그리고 입국

입국에서 호텔까지

비행기에서 내리면 우선 **baggage claim**수하물 찾는 곳에서 짐을 찾고 입국 심사장으로 갑니다. 만일 물건이 도착하지 않았다면, **lost and found**분실물 센터로 가서 신고하셔야 합니다.

그리고 **arrival card**입국 신고서를 미리 **fill in**작성 하다하세요.

출입국 신고서에는 보통 이런 단어들이 나오죠. **family name**성, **occupation**직업, **first name**이름, **address in the country**주소, **country of citizenship**국적, **airline and flight no.**항공사 및 편명, **country of residence**거주국, **date and year of birth**생년월일, **country of birth**출생국, **visa issued at**비자 취득지, **month, day and year of visa issued**비자 발행일, **signature**서명 등이요.

또 잊지 말고 **customs declaration form**세관신고서도 쓰셔야죠. 까먹지 말자! 보통 거기에는 이런 단어들이 등장합니다. **customs**세관, **tax**세금, **gift**선물, **perfume**향수, **personal effects**개인소지품, **liquor**주류, **no declaration item**신고하지 않아도 되는 품목, **prohibited article**반입 금지 품목 등입니다.

자, 다 썼으면 **immigration**입국심사장으로 출발합니다. 거기서 검사관이 몇 가지 질문을 던집니다. 얼마나 오래 **stay**머무르다할 건지, **place to stay**머무를 장소, **purpose of visit**방문 목적 등을 묻습니다. 어려운 질문은 던지지 않으니 차분히 대답하시면 됩니다.

입국 심사 표현

A What's the purpose of your visit [trip]?
　　방문의 목적은요?

B I'm planning to participate in the IFA Show.
　　IFA쇼에 참가할 계획입니다.

A Where and how long are you staying?
　　어디서, 얼마나 머무르실 거죠?

B At the Mirage Hotel for five days.
　　미라지 호텔에서 5일간이요.

옛날에 미국 일리노이주로 함께 출장갔던 기구 엔지니어가 심사대를 빠져 나오지 못하고 버벅대서 제가 구해주었던 일이 생각나네요. 이 표현만 알았어도 됐을 텐데. 여러분은 무사히 통과하길 간절히 빕니다!

이제 입국심사도 끝났고 **destination**목적지인 호텔로 안착하는 일만 남았네요. 누군가가 마중을 나와 있다면 얘기가 다르겠지만 보통은 자신이 직접 호텔까지 이동해야 합니다.

이동 수단은 **subway**지하철, **taxi**택시, **bus**버스가 있겠죠. 미국은 버스보다는 택시가 훨씬 **popular**인기 있는한 **public transportation**대중교통수단입니다. 택시를 탄다면 간단해지죠. **final destination**최종 목적지을 **driver**운전사에게 알려주면 끝이니까요.

목적지 이동 표현
Can you take me to the Mirage Hotel?
미라지 호텔로 데려다주시겠어요?

셀프 주유소 이용하기
1. 미리 돈내기 : 주유소 사무실에 가서 차가 있는 주유기와 금액을 말합니다.
2. 주유기에서 휘발유 등급 선택하기 : regular, plus, premium 중에서 선택합니다.
3. 주유하기

이동해야 할 일이 많다면 **rental car**렌터카를 이용할 수도 있습니다. 유명한 회사로는 Hertz(헤르츠)와 Avis(에이비스)가 있습니다. 이때는 공항 외곽을 돌고 있는 **shuttle bus**셔틀버스를 타고 차 빌리는 곳으로 가면 됩니다. 렌터카는 이미 **insurance**보험에 들어 있어 안심하고 탈 수 있습니다. 저를 신나게 하는 점은 렌터카가 항상 **brand-new car**새 차라는 거! 운전할 맛이 난답니다. 또 **navigator**네비게이터도 달려 있어 모르는 길이라도 안내를 받으며 운전할 수 있답니다. 차를 돌려줄 때는 **fill up the tank**기름을 채우다해서 반납해야 하는 회사도 있어요.

차를 빌릴 때는 차종부터 결정해야겠죠? **compact sized car**소형차도 있고 **medium sized car**중형차도 있고 **full sized car**대형차도 있고, 없는 게 없습니다. 운전할 계획이 있다면 **international driver's license**국제 운전면허증는 꼭 지참하고 떠나야겠죠? 보험에 들어 있는 차인지도 확인하시고요. **traffic accident**교통사고라도 나면 큰일이니까요. 그리고 운전하다가 **run out of**

gas기름이 떨어지다하지 않도록 미리 **gas station**주유소에 들러서 기름을 넣으세요. 그리고 호텔로 출발!

업무에서 활용해보자!

1 정류장 묻기

A: Where's the shuttle bus station?
셔틀버스 정류장이 어디 있나요?

B: Right in front of Exit 9C.
9C 출구 바로 앞에요.

2 차 렌트하기

A: I'm here to rent a car.
차를 빌리러 왔습니다.

B: What type of car do you have in mind?
어떤 차종을 원하세요?

A: I'd like to rent an automatic sedan.
자동 세단을 빌리고 싶어요.

단어암기 노트

- baggage claim 수하물 찾는 곳
- lost and found 분실물센터
- arrival card 입국 신고서
- fill in 작성하다
- family name 성
- occupation 직업
- first name 이름

- address in the country 주소
- country of citizenship 국적
- airline and flight no. 항공사 및 편명
- country of residence 거주국
- date and year of birth 생년월일
- country of birth 출생국
- visa issued at 비자 취득지

- ☐ month, day and year of visa issued 비자 발행일
- ☐ signature 서명
- ☐ customs declaration form 세관신고서
- ☐ customs 세관
- ☐ tax 세금
- ☐ gift 선물
- ☐ perfume 향수
- ☐ personal effects 개인소지품
- ☐ liquor 주류
- ☐ no declaration item 신고하지 않아도 되는 품목
- ☐ prohibited article 반입 금지 품목
- ☐ immigration 입국심사장
- ☐ stay 머무르다
- ☐ place to stay 체류지
- ☐ purpose of visit 방문 목적
- ☐ destination 목적지
- ☐ subway 지하철
- ☐ taxi 택시
- ☐ bus 버스

- ☐ popular 인기 있는
- ☐ public transportation 대중교통수단
- ☐ final destination 최종 목적지
- ☐ driver 운전사
- ☐ rental car 렌터카
- ☐ shuttle bus 셔틀버스
- ☐ insurance 보험
- ☐ brand-new car 새 차
- ☐ navigator 네비게이터
- ☐ fill up the tank 기름을 채우다
- ☐ compact sized car 소형차
- ☐ medium sized car 중형차
- ☐ full sized car 대형차
- ☐ international driver's license 국제 운전면허증
- ☐ traffic accident 교통사고
- ☐ run out of gas 기름이 떨어지다
- ☐ gas station 주유소

EXERCISE

01 해당되는 의미를 찾아 이어보세요!

(1) facility · · A 직업
(2) take-off · · B 최종 목적지
(3) blanket · · C 편의시설
(4) fried rice · · D 국제 운전면허증
(5) sickness bag · · E 이륙
(6) occupation · · F 볶음밥
(7) liquor · · G 멀미봉투
(8) international driver's license · · H 담요
(9) final destination · · I 개인소지품
(10) personal effects · · J 주류

02 빈칸에 단어를 채워보세요!

> pillow   reserved   fill in   valid   battery charger   take

(1) Do you have a _____?
충전기 있으세요?

(2) I just _____ a hotel room for you.
당신을 위해 방금 호텔 방 하나를 예약했습니다.

(3) Your visa will be _____ until 2020.
당신의 비자는 2020년까지 유효합니다.

(4) Can you get me a _____?
베개 좀 가져다주실래요?

(5) Please _____ the arrival card for clearing immigration.
입국심사를 위해 입국 신고서를 작성해주실래요?

(6) Can you _____ me to the airport tonight?
오늘밤에 공항으로 데려다주실래요?

Answer
01　(1) C　(2) E　(3) H　(4) F　(5) G　(6) A　(7) J　(8) D　(9) B　(10) I
02　(1) battery charger　(2) reserved　(3) valid　(4) pillow　(5) fill in　(6) take

CHAPTER 2
호텔, 레스토랑에서 기죽지 말자

01 >>> 호텔, 레스토랑에서 기죽지 말자

호텔 이용하기

호텔에 도착하면 **bellboy**벨보이가 나와서 짐을 들어줍니다. 그 사람을 따라서 호텔 **front desk**프런트로 이동합니다. 우선, **reservation**예약을 확인하고 **check-in**체크인을 하게 됩니다. 예약 상황은 **hotel clerk**호텔직원에게 **sir name**성을 알려주면 바로 **confirm**확인하다이 됩니다.

예약이 확인된 후에는 필요한 것을 물어보세요. 인터넷은 **available**이용할 수 있는한지, **breakfast**아침식사는 방 가격에 **include**포함하다되는지 등등. **room on the ocean side**바다쪽 객실를 원한다고 요청해볼 수도 있겠죠.

체크인이 끝나면 직원이 **room key**방 열쇠를 건네줍니다. 그것을 받아서 벨보이와 함께 방으로 가면 되는데요. 이때! 벨보이에게 **tip**팁을 주는 것은 아주 기본적인 예의라는 거, 당연히 알고 계시겠죠? ^^

이 기회에 잠깐 호텔의 편의시설 및 서비스에는 어떤 것들이 있는지 한번 짚고 넘어갈까요?

1. **restaurant & bar**레스토랑과 바 : **buffet**뷔페 식사를 제공하고 **light snack**간식을 제공
2. **room service**룸서비스 : 방으로 음식을 가져다주는 서비스
3. **business center**비즈니스센터 : **Internet access**인터넷 사용 및 **photocopying**복사 등 업무와 관련된 일을 볼 수 있는 곳
4. **concierge service**접객 담당 직원 서비스 : **local attraction information**지역 관광명소 정보, **tour booking**여행 예약, **dining recommendation**유명한 식당 추천, 택시 잡아주기를 포함한 **special request**특별 요청를 처리해주는 서비스
5. **workout room**헬스클럽 : **exercise equipment**운동 장비를 갖추고 투숙객들이 운동을 할 수 있게 해놓은 장소
6. **air conditioning**냉난방 : 호텔방에 설치된 냉난방기로 방을 **cooling**온도 낮추기 하거나 **heating**온도 높이기 하는 등 원하는 대로 조절
7. **in-house movie**객실 영화 서비스 : 방에서 **the latest release movie**최신 개봉 영화를 즐길 수 있는 **pay service**유료 서비스
8. **voice mail**음성메일 : 전화기에 자신의 음성을 녹음해놓고 전화한 사람이 메시지를 남기게 할 수 있는 서비스
9. **car parking**주차 : 호텔 직원이 대신 주차해주는 **valet parking**대리 주차
10. **regular bus service**정기 버스 서비스 : 호텔 버스가 정기적으로 일정 코스를 운행하여 투숙객들의 이동을 돕는 서비스
11. **doctor on call**왕진 : **patient**환자가 발생할 경우를 대비한 인명 구조 서비스
12. **spa**온천 : 온천욕을 즐길 수 있는 서비스

그리고 호텔이라고 하면 아침의 **wake-up call**모닝콜을 빼놓을 수 없죠. 미리 프런트에 요청해두세요.

호텔에서 쓰는 표현

- 하룻밤에 얼마예요?
  What is the rate per night?

- 방 번호가 어떻게 되죠?
  What's my room number?

- 방 좀 바꿨으면 합니다.
  I want to change my room.

- (비)흡연실로 주세요.
  I'd like a (non)smoking room.

- 신용카드로 내도 되죠?
  Can I pay by credit card?

- 방에 열쇠를 두고 나왔네요.
  I'm locked out.

- 열쇠를 잃어버렸어요.
  I lost my key.

- 뜨거운 물 어떻게 틀죠?
  How can I turn on the hot water?

- 램프가 안 켜져요.
  The lamp doesn't turn on.

업무에서 활용해보자!

1 호텔 체크인

A: Welcome, sir. May I help you?
어서오세요. 도와드릴까요?

B: Yes. I'd like to check in. I have a reservation.
네. 체크인하려고요. 예약했습니다.

A: How long would you be staying, sir?
얼마나 머무르실 거죠?

B: Three nights.
3일 밤이요.

A: I see, sir. Would you prefer a single room or a double room?
그렇군요, 손님. 싱글룸을 원하세요, 아니면 더블룸을 원하세요?

2 호텔에 질문하기

A: Is breakfast included in the price of my room?
방 가격에 아침식사가 포함되나요?

B: Yes, it is.
네. 그렇습니다.

3 모닝콜 요청

A: Can you give me a wake-up call at 6 in the morning?
아침 6시에 모닝콜 해주실래요?

B: No problem, sir.
네, 손님.

단어암기 노트

- bellboy/ bellhop/ bellman 벨보이
- front desk 프런트
- reservation 예약
- check-in 체크인
- hotel clerk 호텔직원
- sir name 성
- confirm 확인하다
- available 이용할 수 있는
- breakfast 아침식사
- include 포함하다
- room on the ocean side 바다쪽 객실
- room key 방 열쇠
- tip 팁
- restaurant 레스토랑
- bar 바
- buffet 뷔페
- light snack 간식
- room service 룸서비스, 방으로 음식을 가져다 주는 서비스
- Internet access 인터넷 사용
- photocopying 복사
- concierge service 접객 담당 직원 서비스
- local attraction information 지역 관광명소 정보
- tour booking 여행 예약
- dining recommendation 유명한 식당 추천
- special request 특별 요청
- workout room 헬스클럽
- exercise equipment 운동 장비
- air conditioning 냉난방
- cooling 온도 낮추기
- heating 온도 높이기
- in-house movie 객실 영화 서비스
- the latest release movie 최신 개봉 영화
- pay service 유료 서비스
- voice mail 음성메일
- car parking 주차
- valet parking 대리 주차
- regular bus service 정기 버스 서비스
- doctor on call 왕진
- patient 환자
- spa 온천
- wake-up call 모닝콜

02 >>> 호텔, 레스토랑에서 기죽지 말자

레스토랑 이용하기

인기가 많은 레스토랑은 미리 **reserve a table**자리를 예약하다 해두어야 한답니다. 배고플 때는 **wait in line**줄서서 기다리다 하는 것만한 고통이 없잖아요. ^^

우선, 레스토랑의 종류를 알아볼까요?

1. **café**카페 : 카페는 **table service**테이블 서비스, 즉 앉아 있으면 음식을 갖다 주는 서비스를 제공하지 않습니다. 고객들이 카운터에서 직접 음식을 주문하고 **serve oneself**직접 가져다 먹다합니다. 보통 커피, **espresso**에스프레소, **pastry**페이스트리, **sandwich**샌드위치 등을 판매합니다.

2. **bistro**작은 바, 레스토랑 : 비스트로는 카페의 또 다른 이름인데 굳이 구분을 짓자면 비스트로는 식사도 제공이 된다는 점이 다릅니다.

3. **casual style dining**패밀리 레스토랑 : 저렴한 가격으로 맛있는 식사를 제공하는 곳입니다. 이탈리아 음식점 올리브 가든(Olive Garden), 해산물 요리를 제공하는 레드 랍스터(Red Lobster), 멕시코 음식을 제공하는 칠리스(Chilis) 등이 대표적이라고 할 수 있답니다. 그리고 우리가 잘 아는 아웃백(Outback)도 여기에 해당됩니다.

식사 시 금기사항
1. 식탁 위에 팔꿈치 올리기
2. 허리 빼고 앉기
3. 나이프, 포크를 들고 상대에게 손짓하기
4. 냅킨을 목에 쑤셔넣기

4. fine dining 고급 식당 : 이름에서 느낄 수 있는 것처럼 수준이 완전히 다른 upscale 레스토랑입니다. 근사한 분위기 elegant atmosphere도 이런 레스토랑의 강점! 하지만 음식이 매우 비싸다 fairly expensive는 점이 아쉽네요.

5. fast-food restaurant 패스트푸드점 : 가장 친숙한 familiar 레스토랑의 형태죠? 맥도날드(McDonalds), 버거킹(Burger King), 타코벨(Taco Bell), KFC 같은 곳이 대표적이죠. 패스트푸드점은 신속함 speed과 편리함 convenience이라는 장점이 있죠.

6. pub 술집 : 영국식 술집인 public house의 준말인데 우리나라의 호프집이라고 생각하시면 됩니다. **side dish** 안주도 제공되고요.

이렇게 여러 식당들이 있으니 고객의 수준에 따라서 알아서 모시면 됩니다. 가장 많이 가는 곳은 아무래도 패밀리 레스토랑입니다. 가장 평범한 장소이니까요.

사이다?

우리가 '사이다'라고 부르는 탄산음료는 영미권에서는 다른 뜻으로 쓰입니다.

사이다(cider)는 본래 미국에서는 사과주스를, 영국에서는 사과를 발효시켜 만든 과일주를 의미합니다.

우리가 말하는 '사이다'는 시트르산(구연산)과 감미료, 탄산가스를 원료로 만든 탄산수(soda pop)입니다.

식당에 들어가면 **waiter** 웨이터가 다가와서 "Can I help you 도와 드릴까요?"라고 묻겠죠?" 그러면 **starter** 전채요리에서부터 **main course** 주요리까지 원하는 순서대로 골라서 웨이터에게 말합니다. 또 원하는 **drink** 음료수가 있으면 같이 말하세요. **soft drink** 탄산음료라는 단어가 **menu** 메뉴에 써 있을 수도 있는데 그것은 **coke** 콜라, **soda pop** 사이다 같은 음료수를 말합니다.

식사 주문 표현

Waiter Hello, can I help you, sir?
안녕하세요, 도와드릴까요?

I	Yes, I'd like to have some dinner.
	저녁식사를 하고 싶습니다.
Waiter	Would you like a starter?
	전채요리 하시겠어요?
I	Yes, I'd like a bowl of salad, please.
	네, 샐러드 주세요.
Waiter	And what would you like for a main course?
	주요리로는 뭘 드릴까요?
I	I'd like a grilled cheese sandwich.
	구운 치즈 샌드위치요.
Waiter	Would you like anything to drink?
	마실 거 필요하세요?
I	Yes, I'd like a glass of apple juice, please.
	네, 사과주스 주세요.

이제 시켰으면 맛있게 먹으면 됩니다. condiment조미료가 필요하면 테이블 위를 찾아보거나 웨이터를 불러 갖다달라고 하면 됩니다. ketchup케첩, pepper후추, salt소금, mustard겨자, mayonnaise마요네즈 등을 입맛에 맞게 샤 샤삭!

음식의 종류에 대해 알아볼까요? pasta파스타, mashed potato으깬 감자, pizza피자, meatloaf미트로프, lamb양고기, beef쇠고기, veal송아지 고기, pork돼지고기, turkey칠면조고기, liver간, crab게, prawn새우, fish생선, salmon연어, oyster굴, trout송어, lobster바닷가재 등등등.

식사를 마치고 디저트를 원하면 아래 문장처럼 요청해보세요. ice cream자리에 원하는 디저트 이름으로 바꿔서 연습해보세요.

Do you have <u>ice cream</u>?
아이스크림 있나요?

bill vs. check
보통 계산서는 bill이라고 하지만 식당 계산서는 check라고 합니다.

다 먹었으면 돈을 내셔야죠. 웨이터에게 **check**계산서를 달라고 하세요. 우리나라와 달리 서양에서는 **counter**카운터가 아니라 테이블에서 계산을 하는 경우가 훨씬 많답니다. 계산서를 요구할 때는 아래와 같이 말하면 됩니다.

> 계산서 요청 표현
>
> **Waiter. Check, please.**
> 여기요. 계산서 부탁합니다.

업무에서 활용해보자!

1 물 요청하기

A: Can you get me a glass of water?
물 좀 주실래요?

B: Sure.
물론이죠.

2 음식 요청하기

A: I haven't gotten my food yet.
아직 음식이 안 나왔는데요.

B: I think you can have it soon.
곧 나올 겁니다.

단어암기 노트

- reserve a table 자리를 예약하다
- wait in line 줄서서 기다리다
- café 카페
- table service 테이블 서비스, 앉아 있으면 음식을 갖다 주는 서비스
- serve oneself 직접 가져다 먹다
- espresso 에스프레소
- pastry 페이스트리

- sandwich 샌드위치
- bistro 작은 바, 레스토랑
- casual style dining 패밀리 레스토랑
- fine dining 고급 식당
- fast-food restaurant 패스트푸드점
- pub 술집
- side dish 안주, (주된 요리에) 곁들이는 요리
- waiter 웨이터

- starter 전채요리
- main course 주요리
- drink 음료수
- soft drink 탄산음료
- menu 메뉴
- coke 콜라
- soda pop 사이다
- condiment 조미료
- ketchup 케첩
- pepper 후추
- salt 소금
- mustard 겨자
- mayonnaise 마요네즈
- pasta 파스타
- mashed potato 으깬 감자
- pizza 피자
- meatloaf 미트로프(다진 고기・계란・야채를 섞어 덩어리로 오븐에서 구운 것)

- lamb 양고기
- beef 쇠고기
- veal 송아지고기
- pork 돼지고기
- turkey 칠면조고기
- liver 간
- crab 게
- prawn 새우, 대하
- fish 생선
- salmon 연어
- oyster 굴
- trout 송어
- lobster 바닷가재
- check/ bill 계산서
- counter 카운터

EXERCISE

01 해당되는 의미를 찾아 이어보세요!

(1) in line   •   •   A   모닝콜
(2) available   •   •   B   줄서서
(3) check   •   •   C   연어
(4) side dish   •   •   D   양고기
(5) wake-up call   •   •   E   이용할 수 있는
(6) starter   •   •   F   안주, 곁들이는 요리
(7) condiment   •   •   G   전채요리
(8) pepper   •   •   H   계산서
(9) salmon   •   •   I   후추
(10) lamb   •   •   J   조미료

02 빈칸에 단어를 채워보세요!

> pepper   reserve   have   drinks   serve

(1) Do you _____ ice cream?
아이스크림 있어요?

(2) Do you _____ alcohol?
술도 파나요?

(3) Does the price of this course include _____?
이 코스 요리에는 음료수가 포함되나요?

(4) Could you please pass me the _____?
후추 좀 주실래요?

(5) I'd like to _____ a table for three.
세 명 자리를 예약하고 싶습니다.

Answer
01   (1) B   (2) E   (3) H   (4) F   (5) A   (6) G   (7) J   (8) I   (9) C   (10) D
02   (1) have   (2) serve   (3) drinks   (4) pepper   (5) reserve

웃지마! 나 비즈영어책이야.

회의는 꼼꼼히

Chapter 1 회의 계획하기

Chapter 2 회의하기

Chapter 3 여러 가지 상황 대처하기

CHAPTER 1
회의 계획하기

01 >>> 회의 계획하기

회의 시간과 장소 잡기

제가 삼성전자에 근무할 때도 외국 비즈니스 파트너와의 회의는 거의 생활이었답니다. **face-to-face meeting**만나서 하는 회의은 물론이고 **conference call**전화회의, 심지어는 **video conference**화상회의까지 정말 회의의 연속이었죠.

한번은 보낸 물건에 불량이 났다고 긴급 회의를 해야 한다는 거예요. 미국 **local time**현지 시간으로 아침 9시에 전화하겠다는 겁니다. 그래서 저는 "거기가 9시면 난 새벽 12시라고, 이 사람아!"라고 하고 싶었지만 그건 바이어에 대한 예의가 아니니 꾹 참고 시간을 좀 **advance**앞당기다하거나 **postpone**연기하다할 수 없느냐고 물었습니다. 그랬더니 제품에 불량이 나서 반품이 들어오고 있다고 화를 내지 않겠습니까? 그래서 하는 수 없이 깨개갱.

회의고 뭐고 다 **cancel**취소하다하고 상무님한테 직접 일러바치면 전 모가지니까요!

조금 뒤에 전화로 통화한 내용이 못 미더웠는지 이메일로 **convene a meeting**회의를 소집하다하겠다고 알려왔더라고요. **urgent meeting**긴급회의답게 내용도 짤막했습니다!

> **회의 고지**
>
> We'd like to have a conference call at 9 a.m. our time. Please confirm.
> 우리 시각으로 9시에 전화회의를 했으면 합니다. 확인해주세요.

원래 회의는 적어도 일주일 전에는 **notice**통보하다하는 것이 예의인데 말이죠. 지네들 맘대로야, 쳇! 그래서 저는 저녁 9시부터 자기 시작했죠. 그리고 12시에 맞춰서 회사 사무실에 혼자 나와 **answer the phone**전화를 받다했습니다.

> **일정 정하기**
>
> Alex Three out of the ten are defective.
> 열 개 중 세 개가 불량이에요.
>
> I We're sorry about that. We will dispatch our engineers ASAP. Also, I'd like to have a meeting with you there in LA.
> 미안합니다. 가능한 한 빨리 엔지니어를 보낼게요. 거기 LA에서 회의를 했으면 해요.

이렇게 **hang up the phone**전화를 끊다하고 나서 그 새벽에 회의에 대한 메일을 쓰기 시작했죠. 메일로 해놔야 **official**공식적인한 것이 되거든요.

> **일정 통보**
>
> As we discussed over the phone, the meeting will be held in your office on Nov. 23.
> 전화상으로 얘기했듯이 11월 23일 당신 사무실에서 회의를 하겠습니다.

이렇게 **place**장소와 시간을 결정하면 됩니다. 그런데 중간에 회의 장소가 바뀌었다면? 그때 쓸 수 있는 동사는 **change**변경하다입니다!

회의 통보는 일주일 전에
참석하는 사람이 미리 준비할 수 있도록 회의에 필요한 자료들을 사전에 나누어주고 일정을 통보합니다. 너무 일찍 전달하면 자료의 내용을 잊어버리기 쉽고 너무 늦게 전달하면 자료를 파악하느라 회의에 집중하기 어렵기 때문입니다.

change
일상회화에서 '약속을 변경하다'라는 의미로 reschedule을 사용하기도 하지만 change가 더 일반적으로 사용됩니다.

일정 변경

We've changed the meeting place to New York.

회의 장소를 뉴욕으로 변경하였습니다.

업무에서 활용해보자!

1 회의 일정

A: When is the meeting?
회의가 언제예요?

B: We're planning to have a meeting on Thursday.
목요일에 회의를 열 계획이에요.

2 회의 장소

A: Where's the meeting held?
어디서 하는데요?

B: We haven't decided yet.
아직 결정 안 했어요.

단어암기 노트

- face-to-face meeting 만나서 하는 회의
- conference call 전화회의
- video conference 화상회의
- local time 현지 시간
- advance/ bring forward 앞당기다
- postpone/ put back 연기하다
- cancel 취소하다
- convene a meeting 회의를 소집하다

- urgent meeting 긴급회의
- notice 통보하다
- answer the phone 전화를 받다
- hang up the phone 전화를 끊다
- official 공식적인
- place/ venue 장소
- change 변경하다

02 >>> 회의 계획하기

회의 목적 잡기와 일정 통보

회의를 시작하기 전에 **purpose**목적를 정확하게 해두지 않으면 사공이 많아 배가 산으로 올라가게 됩니다Too many cooks spoil the broth. 따라서 **agenda** 안건를 확실하게 정하는 것이 제일 중요한 것이죠!

그러면 회의의 종류를 잠깐 알아볼까요?

먼저 회의의 규모에 따라 나눠보면 작은 규모인 **meeting**회의과 **gathering**(비공식) 회의이 있습니다. 우리가 흔히 말하는 회의를 가리킬 때 쓰는 말이죠. **conference**컨퍼런스, **workshop**워크숍, **seminar**세미나는 여러 날에 걸쳐 열리는 비교적 큰 규모의 회의입니다.

다음에는 빈도에 따라 나눠볼까요? **daily meeting**일일회의, **weekly**

더 자세한 회의의 종류

- **convention** : 정보전달을 목적으로 하는 정기집회. 이벤트와 전시회가 수반되는 경우가 많습니다.
- **conference** : 컨벤션과 비슷하지만 토론이 더 많습니다. 주로 과학, 기술, 학문 분야의 연구에 관한 목적으로 하는 회의입니다.
- **forum** : 한 가지 주제에 대해 서로 반대되는 의견을 가진 참가자들이 청중 앞에서 벌이는 토론회
- **symposium** : 청중 앞에서 여러 전문가들이 제시된 안건에 대해 벌이는 공개 토론회
- **seminar** : 교육적 목적을 띤 토론 방법의 하나로, 지명된 사람이 자신의 연구를 발표한 후 토론을 벌입니다.
- **workshop** : 컨퍼런스나 컨벤션과 같은 큰 회의의 일부분으로 진행되며 새로운 정보와 지식을 습득하게 됩니다.
- **clinic** : 특정한 기술의 훈련과 교육을 목적으로 하는 회의

meeting주간회의, monthly meeting월간회의, annual meeting연간회의으로 나눌 수 있습니다.

목적에 따라서는 marketing meeting마케팅회의, budget meeting예산회의, sales meeting영업회의, production meeting생산회의, board meeting이사회의, department meeting부서회의 등으로 나눌 수 있죠.

이외에도 급작스럽게 하는 회의를 emergency meeting비상회의이라고 하고, 전화로 하는 회의를 conference call전화회의, 화상으로 하는 회의를 video conference화상회의라고 합니다.

meeting agenda회의 안건를 확실하게 잡아놓는 것은 효과적인effective 회의를 위한 초석cornerstone입니다. 이렇게 해야 participant참석자들이 회의의 목적을 정확히 파악하고 미리 준비할 수 있으니까요.

한번은 제가 회의 소집 메일을 보냈는데 상무님께 바로 회신이 왔습니다. "What's the purpose of the meeting회의 목적이 뭐죠?" 자세히 봤더니 글쎄, 제가 메일을 보낼 때 안건을 적지write down 않은 거예요. ㅠㅠ 여러분은 저 같은 실수를 해서 욕먹는 일이 없으셔야 해요! 다음과 같이 안건과 함께 참석하는 사람, 소요 시간까지 미리 알려주면 참석자들이 효율적으로 회의에 참여할 수 있겠죠.

Meeting Agenda

Start at 9:00 a.m. in Board Room

Item	Responsible	Time
Opening Remarks	President	10 min
Marketing Report - marketing activities - current market share	Marketing manager	20 min
Sales Report - sales figures - sales forecast	Sales manager	20 min
Guest Speaker	Public Relations	10 min

End at 10:00

Let's keep on track!

회의 안건

이사회의실에서 9시 시작

안건	담당	시간
개회사	회장	10분
마케팅 보고 −마케팅 활동 −현재 시장점유율	마케팅부장	20분
매출 보고 −매출 수치 −매출 예상	영업부장	20분
초대 연사	PR팀	10분

10시에 종료

시간 지킵시다!

업무에서 활용해보자!

1 회의 목적 확인

A: What's the purpose of the meeting?
회의 목적이 뭐죠?

B: Beats me. They didn't tell me.
몰라요. 그 사람들이 말 안 했는데요.

A: Check if you got an e-mail from them.
이메일 받았나 확인해보세요.

2 일일회의

A: Do we really need a daily meeting?
일일회의가 정말 필요한 건가요?

B: I don't think so. It's really a waste of time.
아닌 것 같아요. 정말 시간낭비예요.

단어암기 노트

- purpose 목적
- agenda 안건
- meeting 회의
- gathering (비공식) 회의
- conference 컨퍼런스
- workshop 워크숍
- seminar 세미나
- daily meeting 일일회의
- weekly meeting 주간회의
- monthly meeting 월간회의
- annual meeting 연간회의
- marketing meeting 마케팅회의
- budget meeting 예산회의
- sales meeting 영업회의
- production meeting 생산회의
- board meeting 이사회의
- department meeting 부서회의

- emergency meeting 비상회의
- conference call 전화회의
- video conference 화상회의
- meeting agenda 회의 안건
- participant 참석자
- board room 이사회의실
- item 안건
- responsible 담당하는
- opening remarks 개회사
- president 회장
- marketing activity 마케팅 활동
- market share 시장점유율
- marketing manager 마케팅부장
- sales manager 영업부장
- guest speaker 초대 연사
- public relations PR, 홍보

EXERCISE

01 해당되는 의미를 찾아 이어보세요!

(1) video conference   •   •   A 긴급회의
(2) postpone   •   •   B 화상회의
(3) local time   •   •   C 참석자
(4) urgent meeting   •   •   D 통보하다
(5) advance   •   •   E 연기하다
(6) annual meeting   •   •   F 연간회의
(7) agenda   •   •   G 앞당기다
(8) participant   •   •   H 현지 시간
(9) place   •   •   I 개최지
(10) notice   •   •   J 안건

02 빈칸에 단어를 채워보세요!

> guest speaker   advance   conference call   changed   postpone

(1) I would like to have a _____ at 8 p.m. in your local time.
당신쪽 현지 시각으로 저녁 8시에 전화회의를 했으면 합니다.

(2) Do you know who is the _____ tonight?
오늘밤 초대 연사가 누구인 줄 아세요?

(3) As I told you in the e-mail, we've _____ the meeting place.
이메일에서 말했듯이 회의 장소를 바꾸었습니다.

(4) We should _____ the meeting.
회의를 연기해야 합니다.

(5) They asked us to _____ the meeting to Tuesday.
그들이 회의를 화요일로 앞당기자고 합니다.

Answer
01   (1) B   (2) E   (3) H   (4) A   (5) G   (6) F   (7) J   (8) C   (9) I   (10) D
02   (1) conference call   (2) guest speaker   (3) changed   (4) postpone   (5) advance

CHAPTER 2
회의하기

01 >>> 회의하기

시작하기

시간 엄수는 필수

여러 사람이 개인 업무 시간을 비워 두고 모이는 자리이니만큼 시간 엄수는 필수입니다. 회의 시간 정각에 참석자가 절반밖에 오지 않았다면 5분 후에 시작하도록 합니다. 회의가 정시에 끝나도록 하는 것도 진행자가 지켜야 할 임무니까요.

여러분이 회의의 주재자라면 책임responsibility이 막중합니다. 회의가 부드럽게 흘러가기 위해서 윤활유 역할을 하며 신경써야 할 부분이 많으니까요.

우선 **chairperson**주재자은 시간을 잘 지켜야 합니다. **latecomer**지각자는 기다리지 말고 **on time**정각에 시작을 해야 참석한 사람들에게 피해가 안 가겠죠?

예전에 Kuldip Johal이라는 동료가 있었는데 인도사람이었답니다. 그런데 부모가 영국으로 이민을 가서 거기서 태어났죠. 저랑 같이 일하면서 티격태격 많이 했지만 회의를 진행하는 솜씨는 가히 일품second to none이었죠. 회의 진행의 정석, Kuldip의 회의 진행 솜씨를 전수받아볼까요?

우선, 시작인사를 합니다.

> **회의 시작인사**
>
> **Good morning[afternoon], everyone.**
> 안녕하세요, 여러분.

간단하죠? 영어를 너무 어렵다고 생각하지 마세요. 서로 통하면 그만이니까요~!

이렇게 인사를 하면 **participant**참가자들이 **attention**집중을 하겠죠? 그럴 때는 초대한 사람들을 **welcoming**환영하는하는 인사를 합니다.

> **환영사**
>
> **It's a pleasure to welcome you all to the workshop.**
> 워크숍에 오신 여러분 모두를 환영합니다.
>
> **We're pleased to welcome you all.**
> 여러분 모두를 모시게 되어 기쁩니다.

그의 카리스마 있고charismatic 근엄한authentic 목소리에 참석자들은 압도되기 시작했죠. 그러고 나서 회의의 목적을 다시 한번 확인시켜주더군요.

> **회의 목적 고지**
>
> **We're here today to set up the development schedule.**
> 우리는 제품 개발 일정을 수립하기 위해 오늘 여기에 모였습니다.
>
> **Our aim is to set up the development schedule.**
> 우리의 목표는 개발 일정을 잡는 겁니다.
>
> **I've called this meeting in order to set up the development schedule.**
> 개발 일정을 잡으려고 회의를 소집했습니다.

회의를 멋지게 시작하려고 하는데 제일 중요한 팀장님이 참석을 못 한다고 연락이 온 거예요. 당황한 저는 Kuldip에게 이 사실을 귀띔해주었고 그는 제 얘기를 듣고는 **interested party**관련자 중 부재 중인 사람을 청중들에게 고지하였죠.

회의의 효율을 높이는 방법

1. 소수의 구성원을 참여시켜 밀도 있는 회의를 합니다. 참가자가 많을수록 회의가 지연되고 의무적으로 참가한 사람들 때문에 효율이 떨어지기 때문입니다.

2. 시간을 엄수하도록 합니다. 시간을 낭비함으로써 생기는 손실을 비용으로 계산해 주지시킴으로써 참석자들의 회의 집중도를 높이도록 합니다.

부재자 고지

I'm afraid Mr. Na can't be with us today. He is in LA.
유감스럽게도 미스터 나가 참석할 수가 없답니다. LA에 있답니다.

회의록 작성

회의가 끝나고 나면 내용을 문서로 남겨야 하는데요. 내용을 안건, 쟁점사항, 논의된 내용, 협의된 사항 등의 항목으로 정리해서 작성합니다.

여기까지는 좋았는데 Kuldip이 저를 쳐다보더니 **minutes**회의록 작성을 시키지 뭐예요.

회의록 기재 요청

Would you mind taking the minutes of the meeting?
회의록 좀 작성해주실래요?

'아, 왜 또 나야~ 좀 쉬려고 회의에 들어왔더니만.' 하고 생각했지만 겉으론 웃으면서 "Of course not당연히 그래야지." 이라고 답했답니다.;;;

업무에서 활용해보자!

1 회의 진행 (1)

Good morning, everyone. We're pleased to welcome Mr. Derek Jitter, president of AHA Electronics. We're here to discuss how we can work together more cooperatively. I'm afraid Susan can't be with us today. She is in Seoul. Mr. Howard has agreed to take the minutes.

안녕하세요, 여러분. AHA 전자의 회장님이신 데렉 지터 씨를 기쁜 마음으로 환영해주세요. 저희는 더욱 협조하여 공동 작업할 수 있는 방안에 대해 논의하기 위해 모였습니다. 수잔이 오늘 참석하지 못해 유감입니다. 그녀는 서울에 있거든요. 하워드 씨가 회의록을 작성해주시기로 하셨습니다.

2 회의 진행 (2)

Good afternoon, everyone. It's a pleasure to welcome Ms. Julie Inkster, CEO of BuyMartro. I've called this meeting in order to discuss our sales forecast. I have received apologies for the absence of Mr. Michael Young, who is in Paris. Mr. Howard, would you mind taking notes today?

안녕하세요, 여러분. 바이마트로의 CEO이신 줄리 잉스터 씨를 맞이하게 되어 기쁩니다. 저는 매출 예상에 대해 논의하기 위해 회의를 소집했습니다. 마이클 영 씨가 파리에 있어 불참하게 되었다고 사과 말씀 전하셨습니다. 하워드 씨, 오늘 회의록 좀 작성해주시겠어요?

단어암기 노트

- chairperson 주재자
- latecomer 지각자
- participant 참가자
- attention 집중
- welcoming 환영하는

- aim 목적, 뜻, 의도, 계획
- call a meeting 회의를 소집하다
- interested party 관련자
- minutes 회의록
- cooperatively 협력적으로, 협동적으로

>>> 회의하기

회사와 동료 소개하기

해외 손님들에게 회사 소개할라치면 사지가 다 떨리고 하루에 세 번만 가던 화장실을 열 번도 더 가고 싶고…… 이젠 좀 벗어나시죠? ^^

company introduction회사 소개은 **company history**회사의 역사, **product lineup introduction** 제품 소개 등으로 이루어지죠. 특히 회사의 **milestone**중요한 역사적 업적 들은 반드시 언급mention하는 것이 좋습니다~!

회사는 크게 **manufacturing industry**제조업와 **service industry**서비스업 분야로 나눌 수 있죠. 제조업체 중에는 **car company**자동차회사, **electronics company**전자제품회사, **food company**식품회사, **pharmaceutical company**제약회사, **oil company**정유회사 등이 있고 서비스업체에는 **bank**은행, **retailer**유통업체, **telecom**통신회사, **consulting firm**컨설팅회사, **law firm**법률회사 등이 있답니다.

그리고 회사는 크기와 소재지에 따라 분류할 수도 있는데요. 크기에 따라서는 **startup[venture] company**신생회사, **small and medium-sized company**중소기업, **conglomerate**대기업으로 나누고요. 소재지에 따라서는 **domestic company**국내기업, **foreign company**외국계기업, **global [multinational] company**다국적기업으로 나눌 수 있습니다.

회의를 본격적으로 시작하기에 앞서 정리한 단어들을 바탕으로 회사와 동료들을 소개해볼까요? 누가 누군지도 모르면서 회의를 하거나 같이 밥을 먹고 웃고 떠들 순 없는 노릇이니까요.

회사 소개

We've been in business for more than 30 years. We've specialized in manufacturing electrical goods. Our market share in this industry is about 40 percent. Let me introduce our product lineup... Thank you for listening.

저희는 30여년 동안 사업을 해왔습니다. 전자제품 제조가 전문입니다. 이 업계에서 시장점유율은 약 40%입니다. 저희 제품을 소개해 드리겠습니다. …… 들어주셔서 감사합니다.

위와 같이 그럭저럭 회사 소개를 마친 뒤에는 뭘 해야 하죠? 본능적으로 해외 손님들에게 동료를 소개해야겠다는 생각이 드시죠? 동료들을 제대로 소개하려면 먼저 부서와 직책을 제대로 알아두어야 합니다. **organization chart**조직도로 설명을 해볼까요?

- **headquarters** 본사 ↔ **branch office** 지사
- **human resources team** 인사팀
- **general affairs team** 총무팀
- **management planning team** 경영기획팀
- **accounting team** 회계팀
- **sales & marketing team** 영업마케팅팀
- **product planning team** 상품기획팀
- **customer relations team** 고객관리팀

최고 임직원명

1. CEO : 최고 경영책임자로 Chief Executive Officer의 약자
2. COO : 최고 집행책임자로 Chief Operating Officer의 약자
3. CIO : 최고 정보책임자로 Chief Information Officer의 약자
4. CHO : 최고 인사책임자로 Chief Human Resources Officer의 약자
5. CLO : 최고 교육책임자로 Chief Learning Officer의 약자
6. CTO : 최고 기술책임자로 Chief Technology Officer의 약자

이번에는 **position**직위에 대해서 알아보겠습니다. 지위에 따라 **pay grade** 연봉등급도 다른 거 아시죠?

우선, 회사에서 가장 높은 사람은 **chairperson**회장이라고 하죠? 하지만 회사를 전문적으로 경영하는 사람은 **CEO(Chief Executive Officer)**최고 경영책임자이랍니다.

그 밑에 소위 **top[senior] executives**최고 경영진라고 불리는 **CFO(Chief Financial Officer)**최고 재무책임자, **marketing director**마케팅이사, **human resources director**인사정책이사, **CTO(Chief Technology Officer)**최고 기술책임자 등이 포진을 하고 있죠. 이러한 간부들이 모여서 **board**이사회를 구성하고 **boardroom**이사회의실에 모여 회의를 하죠. 좋겠다~

그 아래 단계에는 **sales manager**영업부장, **customer service manager**고객서비스부장, **product planning manager**상품기획부장, **financial department manager**재무부장 등 **middle manager**중간관리자라고 일컫는 지위의 직원들이 있습니다.

가장 바닥을 차지하는 직원들은 보통 **staff**직원라고 부르고요. 아, 난 언제 바닥을 벗어나보나~

그리고 직접 회사에 속해서 사무를 보지는 않지만 특정 분야particular area의 전문 지식을 가진 사람들을 **non-executive director**사외이사로 채용하여 회사 발전에 기여하도록 하는 회사들도 많답니다.

저는 회의에서 우리가 해외에서 스카우트한 마케팅이사를 다음과 같이 소개했습니다.

동로 소개

Let me introduce Mr. Steven Spielberg. He's been working with us for three years now. As a marketing director, he is in charge of particular events, such as sports events and performances.

스티븐 스필버그 씨를 소개합니다. 그는 저희와 3년 동안 같이 일해왔습니다. 마케팅이사로서 그는 스포츠 경기 또는 공연과 같은 특별한 이벤트를 담당하고 있습니다.

여기서 **in charge of**담당하는 대신에 **be responsible for**책임지는를 사용해도 좋습니다!

업무에서 활용해보자!

1 회사 소개

Let me introduce our company first. Our company was established in 2000. We've been in business for 8 years since then. Our current market share in this industry is approximately 30 percent.

우선, 저희 회사를 소개하겠습니다. 저희 회사는 2000년에 설립되었습니다. 그 이후로 8년 동안 사업을 해왔습니다. 이 업계에서의 시장점유율은 현재 약 30%입니다.

2 동료 소개

Let me introduce our CEO, Tonya Morris. Tonya is a graduate of Chicago University and a former professional model. She has also practiced Family and Criminal Law for 6 years.

저희 전문경영인인 토냐 모리스를 소개합니다. 토냐는 시카고 대학교를 졸업했고 예전에는 직업 모델이었습니다. 또한 가정범죄법 변호사로 6년간 일해왔습니다.

단어암기 노트

- company introduction 회사 소개
- company history 회사의 역사
- product lineup introduction 제품 소개
- milestone 중요한 역사적 업적
- manufacturing industry 제조업
- service industry 서비스업
- car company 자동차회사
- electronics company 전자제품회사
- food company 식품회사
- pharmaceutical company 제약회사
- oil company 정유회사
- bank 은행
- retailer 유통업체
- telecom 통신회사
- consulting firm 컨설팅회사
- law firm 법률회사

- startup[venture] company 신생회사
- small and medium-sized company 중소기업
- conglomerate 대기업
- domestic company 국내기업
- foreign company 외국계기업
- global company/ multinational company 다국적기업
- specialize in 전문적으로 다루다
- organization chart/ organigram 조직도
- headquarters/ head office 본사
- branch office 지사
- human resources team 인사팀
- general affairs team 총무팀
- management planning team 경영기획팀
- accounting team 회계팀
- sales & marketing team 영업마케팅팀
- product planning team 상품기획팀
- customer relations team 고객관리팀
- position 직위
- pay grade 연봉등급
- chairperson 회장
- CEO(Chief Executive Officer) 최고 경영책임자
- top[senior] executives 최고 경영진
- CFO(Chief Financial Officer) 최고 재무책임자
- marketing director 마케팅이사
- human resources director 인사정책이사
- CTO(Chief Technology Officer) 최고 기술책임자
- board 이사회
- boardroom 이사회의실
- sales manager 영업부장
- customer service manager 고객서비스부장
- product planning manager 상품기획부장
- financial department manager 재무부장
- middle manager 중간관리자
- staff 직원
- non-executive director 사외이사
- in charge of/ be responsible for 담당하는, 책임지는

03 >>> 회의하기

회의 진행 및 마무리하기

관련 자료 지참은 필수!

상사들은 회의에서 부하직원이 필요한 정보를 제공할 것을 원합니다. 따라서 회의에서 어떤 질문들이 오가는지 파악하고 안건이 공지되면 관련 자료를 준비합니다. 숫자 데이터, 근거 자료, 업무 성과, 즉흥 질문과 그에 대한 답변 등을 정리해두면 됩니다.

이제 회의 안건을 소개함으로써 본격적인 회의로 진입해야 합니다. 안건을 소개하기 전에 참석자들에게 다음과 같이 질문을 해보세요.

유인물 배포 확인

Have you all received a copy of the agenda?
회의 안건 한 부씩 다 받으셨나요?

참석자들의 주의를 환기시키는 동시에 회의 안건을 다시 한번 주지시키는 의도가 숨어 있는 작업 멘트입니다. handout_{유인물}을 못 받았다고 대답하는 사람이 없는 것을 확인했다면 안건과 협의해야 할 사항을 소개합니다.

안건 소개

There are two items on the agenda. First, we need to determine the launch date. Second, we should set up the development schedule.
안건에 관해 두 가지의 협의사항이 있습니다. 첫째, 출시일을 결정해야 합니다. 둘째, 개발 일정을 잡아야 합니다.

바로 이어서 회의를 진행하도록 하죠. 첫 번째 항목으로 넘어갑니다.

> **진행 표현 1**
>
> **So, let's start with the first item.**
> 첫 번째 항목부터 시작하겠습니다.
>
> **Shall we start with the first item?**
> 첫 번째 항목부터 시작할까요?

첫 번째 항목이 끝나고 다음 주제로 이동할 땐 다음과 같이 말하면 됩니다.

> **진행 표현 2**
>
> **Let's move onto the next item.**
> 다음 항목으로 넘어갑시다.

안건이 모두 정리되었나요? 주어진 시간이 다 되어가고 안건 협의사항이 마무리되었다면 회의를 마쳐야겠죠. 회의 끝 부분을 일목요연하게 정리해보겠습니다! 마무리를 하겠다는 분위기를 전달하고 싶다면 이렇게 말하는 것은 어떨까요?

> **마무리 표현 1**
>
> **I'm afraid we're running out of time so we're going to have to stop here.**
> 유감스럽게도 시간이 다 돼가네요. 여기서 마무리를 해야 할 것 같습니다.

논제의 시각화

참가자들은 시간이 지날수록 집중도가 떨어지게 마련이죠. 이럴 때는 논제를 시각화하여 전달해보세요. 이렇게 하면 논제를 효율적으로 그리고 청중들이 이해하기 쉽게 전달할 수 있습니다. 따라서 화이트보드, 차트 등의 비품들을 준비해두도록 합니다.

회의를 마무리한다는 것은 회의에서 있었던 논쟁을 요약정리하고 결과를 분석하며 미해결된 이의들을 언급하고 공식화하는 과정을 말합니다.

논의되었던 내용들을 **summarize**요약하다하고 싶을 때는 아래의 표현들을 사용해보세요.

> **마무리 표현 2**
>
> **Before we close, let me just summarize the main points.**
> 마무리하기 전에 주요사항을 요약하도록 하겠습니다.
>
> **Shall I go over the main points?**
> 주요사항을 검토할까요?

회의를 성공적으로 진행했어도 결과가 명확하지 않으면 의미가 없겠죠? 회의 내용을 정리할 때는 **to sum up/ in brief/ to go over what's been said** 요약하면와 같은 표현을 사용합니다.

> **마무리 표현 3**
>
> **Right, it looks as though we've covered the main items.**
> 자, 주요 항목들을 검토한 것 같습니다.
>
> **Is there any other business?**
> 다른 사항 있으세요?

회의를 마무리하겠다고 밝혔으므로 새로운 토의 주제를 제시해서는 안 됩니다. 논의해야 할 사항이 남았다면 다음 회의를 제안하세요. 다음과 같이요.

회의 일정 잡기

A Can we fix the next meeting, please?
다음 회의 일정을 잡을까요?

B What about the following Wednesday?
다음 주 수요일 어때요?

A That's fine with me.
전 좋습니다.

B Okay. I'll see you then.
좋습니다. 그럼 그 때 보죠.

드디어 길고 긴 그리고 지긋지긋한 회의가 끝났습니다! 이때 깔끔하게 회의를 끝내는 한마디를 던지셔야죠?

회의 끝내기

The meeting is closed!
회의가 끝났습니다.

I declare the meeting closed.
회의가 끝났습니다.

Unless anyone has anything else to add, I think that's it.
추가할 것이 없으면 끝내죠.

그리고 마지막으로 참가하신 분들에게 귀중한 시간과 의견을 제시한 것에 대해 감사의 말을 전하는 것은 기본 매너입니다!

감사 인사

I'd like to thank Jeremy for coming over from London.
런던에서 와주신 제레미에게 감사를 드립니다.

Thank you all for coming.
여러분 모두 와주셔서 감사합니다.

Thanks for your participation.
참석해주셔서 감사합니다.

업무에서 활용해보자!

1 회의의 시작과 진행

A: Have you all received a copy of the agenda? Shall we start with the first agenda item?
안건 한 부씩 받았나요? 첫 번째 안건부터 시작할까요?

B: Could you explain what the first agenda item is about?
첫 번째 안건이 무엇인지 설명해주실래요?

A: Surely. It's about our next year's marketing budget.
물론이죠. 내년도 마케팅 예산에 관한 것입니다.

……

A: I think we've covered all the issues about the first agenda item. Let's move onto the next item.
첫 번째 안건에 대한 논점은 모두 다룬 것 같습니다. 다음 항목으로 넘어가죠.

2 회의 끝내기 안건

I'm afraid we're running out of time. To sum up, we've come to the conclusion that we should build a factory in Beijing to produce more TV sets. However, we couldn't decide who should take care of this project as a project manager. So the next meeting will be held on Saturday to select a project manager. I declare the meeting closed. Thank you all for coming.
안타깝게도 시간이 다 되어가네요. 요약하면 TV를 더 많이 생산하기 위해 베이징에 공장을 건설해야 한다는 것이 결론입니다. 하지만 누가 프로젝트 매니저로서 이 프로젝트를 관리할지를 결정하지 못했습니다. 따라서 프로젝트 매니저를 선출하기 위해 다음 회의가 토요일에 개최될 것입니다. 자, 그럼 미팅을 마치겠습니다. 여러분 모두 와주셔서 감사합니다.

단어암기 노트

- handout 유인물
- launch date 출시일
- move onto 계속 앞으로 나아가다
- summarize 요약하다
- to sum up/ in brief/ to go over what's been said 요약하면
- cover 검토하다; (연구·주제를) 다루고 있다
- business 용무, 볼일; 사항, 일

- fix (시일·장소 등을) 결정하다
- following 다음의
- declare 선언하다, 공표하다
- That's it. 그것이 다입니다.
- participation 참가, 참여
- budget 예산, 예산안; 예산 집행 계획
- conclusion 결론, 결정
- be held (회의 등이) 개최되다, 열리다

EXERCISE

01 해당되는 의미를 찾아 이어보세요!

(1) latecomer   A 회의록
(2) chairperson   B 지각자
(3) attention   C 항목
(4) aim   D 요약하다
(5) minutes   E 주재자
(6) venture company   F 목표
(7) human resources team   G 신생회사
(8) CFO   H 집중
(9) item   I 최고 재무책임자
(10) sum up   J 인사팀

02 빈칸에 단어를 채워보세요!

> move   go over   global companies   pleasure   closed   pharmaceutical company

(1) The meeting is finally _____.
회의가 드디어 끝났습니다.

(2) Let's _____ what's been said.
자, 논의된 것을 검토해봅시다.

(3) Let's _____ onto the next item.
다음 항목으로 이동하죠.

(4) There are many _____ in Korea.
많은 다국적기업들이 한국에 있습니다.

(5) I used to work in a _____.
저는 제약회사에서 일했습니다.

(6) It's a _____ to have you all join us this afternoon.
오늘 오후 여러분 모두와 함께하게 되어 기쁩니다.

Answer
01 (1) B (2) E (3) H (4) F (5) A (6) G (7) J (8) I (9) C (10) D
02 (1) closed (2) go over (3) move (4) global companies (5) pharmaceutical company (6) pleasure

CHAPTER 3
여러 가지 상황 대처하기

01 >>> 여러 가지 상황 대처하기

끼어들기와 의견 교환하기

회의를 하다 보면 다른 사람이 말하는 도중에 질문을 해야 할 때도 있고 **exchange opinions**_{의견을 교환하다} 해야 할 때도 생기기 마련이죠. 이럴 때는 기죽지 말고 적극적으로 나서세요!

한번은 독일 신흥 IT업체와 **marketing strategy**_{마케팅 전략}에 대해 회의를 하는데 상대측에서 복잡한 조건을 말하길래 무슨 말인지 몰라서 중간에 끼어들면서 물어보았습니다.

끼어들기

Excuse me for interrupting, but could you explain that again?
말씀하시는 것 끊어서 죄송합니다만 그거 다시 한번 설명해주시겠어요?

May I have a word?
말 좀 해도 될까요?

May I come in here?
좀 끼어들어도 될까요?

아, 글쎄 이렇게 공손하게 물어보았으면 "**Please go ahead**_{말씀하세요}."라고 대답하는 게 인지상정이겠건만 "**Just a moment. I haven't finished**_{잠시만요. 아직 내 말 안 끝났어요}."라고 하는 거예요. '아니, 뭐 이런 X매너가 다 있어? 상대방이

타이밍 잡기

의견을 전달할 수 있는 적절한 시점을 찾지 못하다가 회의를 마무리할 즈음에나 발언을 하게 되고, 그로 인해 참석자들에게 회의시간이 길어진다는 인상을 주게 되면 곤란하겠죠. 회의 시작 전에 자신의 의견을 효과적으로 전달할 수 있도록 정리하고, 논의될 수 있도록 발언 기회를 요청하시거나 상사에게 회의 전에 사안에 대해 전달해두면 좋습니다.

> **곤란한 질문에 대처하는 법**
> 1. 질문한 사람에게 질문을 되돌려봅니다.
> 2. 질문을 그룹으로 넘겨 다른 참가자들과 함께 고민해봅니다.
> 3. 솔직하게 인정하고 더 알아보고 답변하겠다고 합니다.

무슨 말인지 모르겠다는데 다시 설명을 안 해줘?'라고 엄청 열 받은 적이 있답니다.

기본적으로 회의 중간이라도 듣는 사람이 질문이 있다고 하면 받아주는 것이 예의라고 생각합니다. 아니면 미리 아래와 같이 고지해서 중간에 질문하는 것에 양해를 구해야지 상대방의 질문을 무작정 막아버리는 것은 엄청난 결례겠죠.

> **질문시간 고지**
> We will have a Q&A session at the end of the meeting.
> 회의 마지막에 질의응답 시간을 가질 것입니다.

give opinions의견을 말하다할 때는 바로 앞서 발언한 사람의 말과 관련지어서 자신의 의견을 전달해보세요. 이렇게 하면 자신의 의견만 말하는 것보다 더 효과가 있죠. 상대방의 의견을 오랫동안 경청해왔다는 느낌을 줄 수 있는 것뿐만 아니라 자신의 의견이 체계적이라는 느낌도 줄 수 있고요. 그렇다고 자신의 의견도 없이 앞에서 말한 사람의 의견을 다시 정리해서 말해서는 안 되겠죠? 의견을 말할 때는 아래와 같이

I really feel/ In my opinion제 생각에는 과 같은 구문을 사용합니다.

> **의견 말하기**
> I really feel that the price is a little too high for this quality.
> 저는 가격이 이 품질에 비해 너무 높다고 생각합니다.
>
> In my opinion, the price is a little too high for this quality.
> 제 생각에는 가격이 이 품질에 비해 너무 높습니다.

토론이 활발하지 않을 때나 토론 중 특정한 누군가의 의견이 필요할 때, 어떤 의견에 대해 추가적으로 보충할 의견을 이끌어낼 때 아래와 같은 표현을 써서 **ask for opinions**의견을 요청하다합니다.

의견 요청하기

Do you really think that this plan does not make sense?
정말 이 계획이 말이 안 된다고 생각하세요?

How do you feel about our current marketing activities?
현 마케팅 활동에 대해 어떻게 생각하세요?

Bob, can we get your input?
밥, 당신 의견을 좀 주실래요?

상대방이 의견을 말했다면 그 의견에 일단 세련되게 반응을 해주세요!

동의 · 반대 표현

I never thought about it that way before.
전에는 그런 식으로 생각해 본 적이 없어요.

Good point!
좋은 얘기네요!

I get your point./ I see what you mean.
무슨 말인지 알겠어요.

Exactly!/ I agree with you on that.
바로 그겁니다!/ 저도 같은 생각이에요.

I'm afraid I disagree.
유감이지만 동의하지 않습니다.

I disagree with you on that.
전 좀 다르게 봅니다.

의견 마찰이 예상될 때는

1. 마주볼 수 없도록 탁자 양끝에 배치해서 앉힙니다.
2. 마찰이 있는 사람들에게 발언 기회를 연이어서 주지 않습니다.

업무에서 활용해보자!

끼어들기

A: I disagree with you on this. We should know what our customers really want.
이것에 관해선 전 생각이 좀 다릅니다. 고객이 진정으로 원하는 것을 알아야 합니다.

B: Can I come in here?
끼어들어도 될까요?

A: Sure, go ahead.
물론이죠, 말씀하세요.

B: Why don't we hire a market research company?
시장조사 업체를 쓰는 것이 어떨까요?

A: I get you point, but it will cost us a lot of money.
무슨 말인지는 알지만 돈이 많이 들걸요.

단어암기 노트

- exchange opinions 의견을 교환하다
- marketing strategy 마케팅 전략
- interrupt 가로막다; 중단하다
- Please go ahead. 말씀하세요.
- session 기간
- give opinions 의견을 말하다
- I really feel/ in my opinion 제 생각에는
- ask for opinions 의견을 요청하다
- make sense 말이 되다, 사리에 맞다
- input 정보, 데이터; (의견·정보·제안 등을) 제공하다

02 >>> 여러 가지 상황 대처하기

제안하고 요청하기

다시 독일 업체와의 구매 계약 회의 당시로 돌아가보죠. 한참 서로 의견을 주고받고 있는데 제 질문을 무시했던 참가자가 아래와 같이 휴식 시간을 요청했죠.

> **제안하기**
>
> **Why don't we take a ten-minute break?**
> 10분간 휴식을 취하는 것이 어떨까요?
>
> **I suggest that we take a ten-minute break.**
> 10분 쉴 것을 제안합니다.

전 감정이 남아 "지금 얼마나 협의해야 할 사항이 많은데 쉬자는 거야?"라고 말하고 싶었지만 독일에서 여기까지 회의하겠다고 날아온 것을 생각하면 불쌍하기도 해서 "That sounds nice좋습니다."라고 답했습니다. 제가 워낙 바이어 대접이 깍듯한 편이라서요. ㅎㅎ

> **제안하기**
> 비즈니스에서는 주로 initial offer(최초의 제안) → counter-offer(반대 제안) → final offer(최종 제안)의 순으로 전개됩니다.

휴식을 마쳤으면 다시 회의로 복귀! 회의를 하다 보면 상대방에게 무언가를 **request**요청하다해야 할 때가 허다하게 발생한답니다. 당시 독일 업체에서도 아래의 표현들을 번갈아 사용하며 요청을 하더라고요.

> 요청하기
>
> **I'd like you to advertise it in the paper.**
> 저는 당신이 그것을 신문 광고로 실어줬으면 합니다.
>
> **I wonder if you could advertise it in the paper.**
> 신문 광고가 가능할지 궁금하네요.

독일 업체와 함께 제품을 개발하기로 했을 때 사진에 모든 광고는 독일 업체 측에서 하기로 이야기가 되어 있었습니다. 그러니 우리더러 광고하라는 것이 이해가 되지 않았죠.

그래서 도대체 무슨 말을 하는 거냐고 쏘아붙이려다가 조금 완곡하게 다시 설명을 요청해 보았습니다.

> 설명 요청
>
> **I'm afraid I don't quite understand what you're getting at.**
> 죄송하지만 무슨 말씀인지 잘 이해가 안가네요.
>
> **I don't see what you mean. Could we have some more details, please?**
> 무슨 말인지 잘 모르겠습니다. 좀더 자세히 말씀해주실래요?

그리고서 단도직입적으로 물어보았습니다. "Do you mean that we advertise it at our cost우리 비용으로 광고하라는 말인가요?"라고 물었더니 그건 또 아니라고 하더군요.

이렇게 서로 이해가 가지 않는 상황이 생긴다면 아래와 같이 말하면서 서로의 이해 정도를 파악하고 넘어가야 합니다.

> **확인하기**

Do you see what I'm getting at?
제가 하는 말 이해하시나요?

Have I made that clear?
제가 명료하게 말씀드린 건가요?

I'm afraid you don't understand what I'm saying.
제 말이 무슨 뜻이지 모르시는군요.

That's not quite what I had in mind.
그것은 제 의도와는 달라요.

That's not what I meant.
제 말은 그게 아니에요.

> **쉬운 표현 사용하기**
>
> 구체적인 설명을 위해 꼭 필요하다면 전문용어나 외래어를 사용할 수 있지만 전문적으로 보이고 싶다고 의도적으로 사용할 필요는 없습니다. 말하고자 하는 바를 분명한 표현과 쉬운 문장으로 참석한 모든 사람들이 알아들을 수 있게 발언하도록 합시다.

업무에서 활용해보자!

1 확인하기 (1)

A: Why don't you arrange a meeting with the software company?
그 소프트웨어 회사와의 미팅을 준비하는 것이 어떨까요?

B: I told you that they are very reluctant to have business with us. Do you see what I'm getting at?
그들은 우리랑 사업을 하는 것을 달가워하지 않는다고 말했잖아요. 무슨 말인지 알겠어요?

2 확인하기 (2)

A: I'm afraid I disagree. We don't have enough money to support the sporting event. 전 좀 생각이 다른데요. 그 스포츠 경기를 지원할 충분한 돈이 없어요.

B: That's not what I meant. What I meant was that our current marketing plan needs to be adjusted.
제 말은 그게 아니에요. 제 말은 현재의 마케팅 계획을 조정할 필요가 있다는 거예요.

3 설명 요청과 확인하기

A: I'm afraid that I don't quite understand what you're getting at.
죄송하지만 당신이 무슨 말을 하려는지 모르겠네요.

B: What I'm saying is that we need to launch the new MP3 player by next month. 제 말은 다음 달까지 신규 MP3 플레이어를 출시해야 한다는 거예요.

단어암기 노트

- □ break 잠깐의 휴식, 휴게 시간
- □ That sounds nice. 좋습니다.
- □ request 요청하다
- □ advertise 광고하다
- □ get at 암시하다, 의미하고자 하다
- □ reluctant 마음이 내키지 않는, 마지 못해 하는

EXERCISE

01 해당되는 의미를 찾아 이어보세요!

(1) interrupt · · A 잠깐의 휴식
(2) Exactly! · · B 바로 그겁니다!
(3) disagree · · C 설명하다
(4) break · · D 말씀하세요.
(5) afraid · · E 방해하다
(6) request · · F 유감스러운
(7) suggest · · G 요청하다
(8) opinion · · H 동의하지 않다
(9) explain · · I 의견
(10) Go ahead. · · J 제안하다

02 빈칸에 단어를 채워보세요!

> come   like   getting   wonder   feel   interrupting

(1) I'd _____ you to consider a TV commercial for that.
   그 건으로 TV 광고를 고려해주셨으면 합니다.

(2) I _____ if you could finish it by May 15.
   귀사에서 5월 15일까지 그걸 끝낼 수 있을지 궁금하네요.

(3) How do you _____ about the tag line of this newsletter?
   이 회보의 문구에 대해 어떻게 생각하세요?

(4) May I _____ in here?
   잠깐 끼어들어도 될까요?

(5) Excuse me for _____, but could you explain it in detail?
   말을 끊어서 죄송하지만 구체적으로 설명해주실래요?

(6) Do you see what I'm _____ at?
   제가 하고자 하는 말을 아시겠습니까?

Answer
01 (1) E (2) B (3) H (4) A (5) F (6) G (7) J (8) I (9) C (10) D
02 (1) like (2) wonder (3) feel (4) come (5) interrupting (6) getting

웃지마! 나 비즈영어책이야.

프레젠테이션은 프로페셔널하게

Chapter 1 프레젠테이션 준비 및 진행

Chapter 2 프레젠테이션의 마무리

CHAPTER 1
프레젠테이션 준비 및 진행

01 >>> 프레젠테이션 준비 및 진행

준비와 시작

presentation프레젠테이션은 어느 상황에서 하는 줄 아시죠? 모르신다구요?
아래의 상황을 참조하세요.

1. **workshop**워크숍 : 회사의 매출, 시장 규모 등을 발표
2. **training course**연수 과정 : 회사의 시스템 등을 직원들에게 교육시킴
3. **press conference**기자회견 : 언론에 해외 진출 계획 등을 알림
4. **product launch**제품 출시 : 혁신적인 디자인 및 기술의 제품 출시 계획을 설명함
5. **seminar**세미나 : 투자자들을 위한 올바른 투자 방법 등을 알림

저희 상무님은 미국에서 대학을 마치고 도시바에 입사하여 다년간 마케팅과 신규 비즈니스 개척 업무를 담당한 비즈니스계의 살아 있는 전설legend! 정도는 아니더라도 상당히 국제적인 감각을 갖춘 분으로 프레젠테이션도 아주 자~연스럽게 연출해내셨

답니다. 그래서 전 상무님께 프레젠테이션의 노하우를 가르쳐주십사 부탁을 드렸고 일주일 동안 업무를 마친 후에 사무실에서 개인 지도를 받았습니다. 저는 어렵게 전수받았지만 여러분께는 쉽고 재미있게 전수해 드리도록 하겠습니다! ^^

자, 그럼 준비되셨습니까 Are you all set?

회의는 여러 사람과 함께 의견을 주고받으면서 진행되기 때문에 긴장 tension 의 정도가 그리 크지는 않죠. 하지만 프레젠테이션은 상당한 시간을 혼자서 말해야 하므로 긴장도와 부담감이 여간 크지 않을 것입니다. 이럴 때 준비라도 소홀히 한다면 더욱 굴욕 humiliation 상황을 모면하기 어려워질 것입니다. 따라서 중요한 건 뭘까요? 네~ 맞습니다. 첫째도 준비 preparation, 둘째도 준비, 셋째도 준비입니다.

일단 준비를 할 때는 자신에게 아래의 다섯 가지 질문을 던져보세요.

1. Why am I making this presentation 왜 프레젠테이션을 할까? ○ 목적
2. Who am I making this presentation to 누구에게 하는가? ○ 대상
3. Where am I making this presentation 어디서 하는가? ○ 장소
4. When and how long am I making this presentation
   언제 그리고 얼마나 오래 하는가? ○ 시간
5. What should I say 무엇을 전달하나? ○ 내용

rehearsal 예행연습을 할 때도 위의 다섯 가지 사항을 체크하면서 해보셔야 합니다.

예행연습의 장점

1. 당황스러운 상황을 예측할 수 있습니다.
2. 동료 앞에서 하는 예행연습을 통해 반응이 긍정적일지 아닐지 예측할 수 있습니다.
3. 논거가 설득력이 있는지 없는지 확인할 수 있습니다.

자, 이제 프레젠테이션에서 챙겨야 할 비품들을 살펴볼까요?

준비하세요!

- **screen** 스크린
- **laser pointer** 레이저포인터
- **projector** 프로젝터
- **handout** 유인물
- **laptop** 노트북 컴퓨터
- **whiteboard** 화이트보드
- **flip chart** 플립차트
- **marker** 마커펜
- **duster** 지우개

▶ **자리배치**

1. 효율적인 의사소통을 위해 발표 주제와 상관 있는 직원들을 가까이 앉힙니다.
2. 상사와 부하직원을 섞어 앉혀 수직 구조 형성을 막습니다.
3. 사사로운 감정이 있는 직원들은 거리를 두어 발표에 방해가 되지 않도록 합니다.

이제 본격적으로 프레젠테이션이 시작되는 겁니다. 아셨죠? 목소리가 너무 작습니다! 다시 한번, 아셨나요? ㅎㅎ 프레젠테이션 할 때는 목소리가 적어도 회의실 맨 끝까지 들릴 정도가 되어야 하니까요. 그렇다고 목소리가 들리는지 안 들리는지 청중들에게 물어보지는 마세요. 프로다워 professional 보이지 않으니까요. 사전 beforehand 에 성량을 점검하시란 말씀을 드리고 싶었던 겁니다. 목소리가 충분히 크지 않다면 **microphone** 마이크을 사용하셔야겠죠. 까다롭고 번거롭다고요? 이게 다~ 완벽한 프레젠테이션을 위한 거니까 이 정도는 해주셔야겠죠?

이제 프레젠테이션을 본격적으로 시작하기에 앞서 자신을 소개하는 시간이 되었습니다. 처음으로 audience청중들에게 자신의 이미지를 전달하는 시간인 만큼 똑바로 소개해야겠죠? 알았으니까 빨리 가르쳐주기나 하라고요? 네, 알겠습니다~

회의 시간에 인사했던 것처럼 처음엔 시간대에 따라서 "Good morning/ afternoon/ evening."으로 시작하면 가장 무난합니다. 그 다음에 자신의 이름, 근무하는 회사, 그리고 발표의 주제를 순서대로 말하면 됩니다. 이렇게요.

> **청중들이 자료만 본다면?**
> 1. 자료의 양이 얼마 되지 않는다면 한 번 훑어볼 수 있도록 짧은 시간을 줍니다.
> 2. 자료의 분량이 좀 많다면 참석자에게 질문을 던져 주의를 환기시킵니다.
> 3. 자료의 분량이 꽤 많다면 자료의 내용을 짧게 요약해주고 청중들이 핵심을 체크하도록 유도합니다.

시작하기

Good afternoon, everybody. My name is Howard Cha. I'm working in the marketing department at Samsung Electronics. I'm going to talk today about our marketing strategy.

안녕하세요, 여러분. 제 이름은 하워드 차입니다. 저는 삼성전자 마케팅팀에서 일하고 있습니다. 오늘은 마케팅 전략에 대해서 이야기하려고 합니다.

어떤가요? 시작은 어렵지 않으시죠? 그 다음에는 발표할 내용을 구체적으로 알려줍니다.

주제 발표

There are three main issues I want to talk about. First, I'd like to look at our current sales activities. Second(Then), I'll say something about the current marketing trends. And finally, I'll move onto our marketing plans for next year.

세 가지의 논점이 있습니다. 첫째, 현재의 영업 활동을 살펴보고자 합니다. 둘째[다음으로], 현재의 마케팅 경향에 대해서 몇 가지를 말씀드릴 것입니다. 그리고 마지막으로 내년도 마케팅 계획으로 넘어가겠습니다.

그 다음엔 질문을 어떻게 받을 것인지도 알려줘야 합니다.

질문 시간 고지

If you have any questions, please feel free to interrupt me.
질문이 있으면 언제든지 하세요.

I'll be happy to answer your questions at the end of my presentation.
발표 후에 질문에 답변 드리겠습니다.

여기까지가 소개의 기본입니다. 어렵진 않지만 이 표현들을 다 외워야 한다는 거, 그게 문제죠. 퇴근 후에 술 드시지 말고 외우고 연습하고 외우고 연습하고! 아셨죠? ^^

업무에서 활용해보자!

프레젠테이션 시작하기

Good evening. My name is Howard Cha. I'm working in the sales department for LG Electronics. I'm going to talk about our sales goal for 2010. First, we'll look at this year's sales performance. Then, we'll move onto the sales goal for 2010. And finally, I'll be saying something about what we should do to achieve it.

안녕하세요. 저는 하워드 차입니다. LG전자 영업부에서 일하고 있습니다. 2010년 저희의 매출 목표에 대해서 말씀 드리겠습니다. 첫째, 이번 해의 매출 실적을 살펴볼 것입니다. 그런 다음에 2010년도 매출 목표로 넘어갈 것입니다. 그리고 마지막으로 이를 달성하기 위해서 해야 할 것에 대해 말씀 드릴 것입니다.

단어암기 노트

- presentation 프레젠테이션
- workshop 워크숍
- training course 연수 과정
- press conference 기자회견
- product launch 제품 출시
- seminar 세미나
- rehearsal 예행연습
- screen 스크린
- laser pointer 레이저포인터
- projector 프로젝터, 영사기
- handout 유인물

- laptop 노트북 컴퓨터
- whiteboard 화이트보드
- flip chart 플립차트(강연 등에서 사용하는 한 장씩 넘기게 된 도해용 차트)
- marker 마커, 마커펜
- duster 지우개
- microphone 마이크
- audience 청중
- goal 목적, 목표
- achieve 이루다, 성취하다

02 프레젠테이션 준비 및 진행

프레젠테이션 진행하기

서론은 이 정도로 하고 본론으로 들어가서 주제별로 이동하는 방법을 배워볼까요? 프레젠테이션의 주제를 나누는 단위는 section부분 또는 part부분라고 합니다. 한 주제가 끝나고 다음 주제로 부드럽게 넘어갈 때 쓰는 표현들을 알려드리겠습니다. 편한 걸로 골라 쓰세요!

▶ 짜임새 있게 말하는 방법
1. Attention : 주의를 환기시킵니다.
2. Interest : 관심을 끕니다.
3. Desire : 원하는 바를 일깨웁니다.
4. Action : 행동이나 반응을 불러일으킵니다.

1. 한 주제를 마칠 때

- **That's all I have to say about ~.** ~에 관한 것은 이것이 전부입니다
- **We've looked at ~.** ~을 살펴보았습니다

2. 다음 주제를 소개할 때

- **Next ~** 다음은 ~
- **Now we'll move onto ~.** 이제 ~로 이동하겠습니다
- **I'd like to discuss ~.** ~을 논의하고자 합니다
- **Let's look now at ~.** 이제 ~을 보겠습니다
- **Let's turn now to ~.** 이제 ~로 넘어가죠

이제 한 주제로 들어갑니다. 이 부분에서 여러분이 주장하려고 하는 것에 좀

더 설득력을 높이고 싶다면 어떻게 해야 할까요? 설마 중요한 곳에 목소리를 높이면 된다는 대답이 나오지는 않겠죠? 지금 하려는 건 도로 위에서 시비를 가리는 게 아니고 프레젠테이션하는 거니까요. 주장하고자 하는 것에 대해 좀더 설득력을 얻고자 한다면 **give an example**예를 들다하는 것과 **statistics**통계를 사용하는 것처럼 좋은 방법이 없죠. 그럴 땐, 이렇게 시작합니다.

1. 예를 들 때
    - **for example/ to give you an example**예를 들면
    - **as an illustration/ to illustrate this point**하나의 예로서

2. 통계를 사용할 때
    - **according to statistics**통계에 따르면

그리고 청중들에게 답변을 기대하지 않는 간단한 질문을 던짐으로써 주위 환기의 효과를 기대할 수도 있습니다. 청중들을 졸리게 해선 안 돼요.

1. 질문해서 주의 환기시키기
    - **Where does that lead us?**그로 인해 우리는 어떻게 될까요?
    - **What does this mean for ~?**~에게 이것은 무슨 의미일까요?

2. 정리해서 주의 환기시키기
    - **translated into real terms**단도직입적으로 얘기하면

업무에서 활용해보자!

1 주제 전환 (1)

That's all I have to say about Asia. Let's turn now to Europe.
아시아에 관한 것은 이것이 전부입니다. 이제 유럽으로 넘어가겠습니다.

2 주제 전환 (2)

We've looked at the sales figures. Now we'll move onto the next agenda item.
매출 수치를 살펴보았습니다. 이제 다음 안건으로 이동하겠습니다.

3 예 들기

For example, Ericson is still in a strong position in Asia.
예를 들면 에릭슨은 아시아에서 여전히 강력한 위치를 점하고 있습니다.

4 통계 활용하기

According to statistics, people prefer blacks to reds.
한 통계에 따르면 사람들은 빨간색보다 검은색을 더 좋아한다고 합니다.

5 정리해서 주의 환기시키기

Translated into real terms, this indicates that we are losing our market share.
단도직입적으로 얘기하면 이것은 우리의 시장점유율이 떨어지고 있다는 것을 말합니다.

6 질문으로 주의 환기시키기

Where does that lead us, then? My big point is that interest rates will drive the market.
그러면 그로 인해 우리는 어떻게 될까요? 제가 주장하는 바는 이자율이 시장을 주도할 것이라는 겁니다.

 단어암기 노트

- section/ part 부분
- turn to ~쪽으로 향하다
- give an example 예를 들다
- statistics 통계
- illustration (설명을 위한) 실례; 비교
- illustrate 설명하다, 예증하다
- according to ~에 따라
- lead (어떤 결과로) 이끌게 하다, 이끌다
- translate 바꾸다, 고치다
- strong position 유리한 위치; 강경한 태도
- indicate 나타내다, 보이다, 표시하다
- interest rate 금리, 이율
- drive 조종하다

03 >>> 프레젠테이션 준비 및 진행

시각자료 이용하기

우리말로 프레젠테이션하기도 어려운데 영어로 하려니 더 막막하시죠? 프레젠테이션에 시각자료를 사용할 때가 제일 어렵고 당황스럽다는 고충도 많이 듣게 되는데요. 이제는 그런 고민을 확 날려줄 수 있도록 시각자료 설명 비법을 전수해 드리겠습니다!

프레젠테이션의 생명은 시각자료를 멋들어지게 설명하는 데 있죠. 이런 건 아무리 가방끈이 길어도 유학을 다녀와도 쉽게 배울 수 없답니다. **visual aid** 시각 기구를 능수능란하게 다루는 것은 프레젠테이션 기술 중에서도 최고의 백미에 해당한다고 할 수 있는데요. 우선, 파워포인트에 띄울 수 있는 시각자료의 종류와 용도부터 알아볼까요?

용도별 시각자료 활용

1. 표 : 여러 종류의 수치를 간단하고 조직적으로 표시할 때 사용합니다.
2. 선 그래프 : 주식 동향, 매출 신장 추이 등의 상승, 하락, 유지, 변동 등을 보여줄 때 사용합니다.
3. 막대 그래프 : 부서별 판매 목표량, 경쟁사별 판매 현황 등 수량의 상대적 수치를 비교할 때 사용합니다.
4. 원 그래프 : 회사별 시장 점유율, 정치 여론 조사, 기업 홍보 매체 비율 등 수치를 비율로 보여 줄 때 사용합니다.
5. 순서도 : 마케팅 전략, 시장 조사 방법 등 절차나 순서가 중요한 내용 전달에 사용합니다.

1. table표 : 비교 항목이 두 개 이상인 경우에 씁니다.

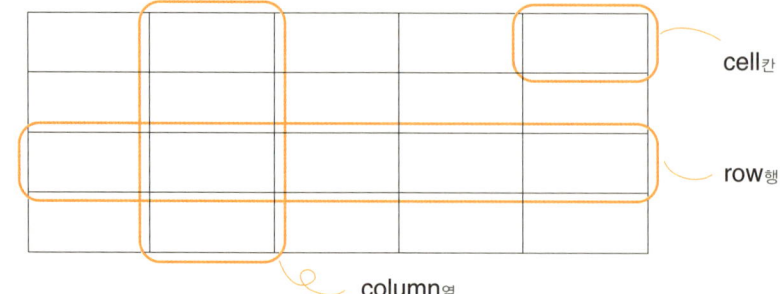

2. line graph선 그래프 : 일정 기간 동안의 변화 추이를 나타낼 때 씁니다.

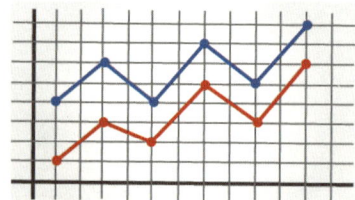

1) **straight line**직선

- solid line실선 ────────────
- dotted line점선 ....
- broken line파선 -----------

2) **curve**곡선

- undulating line파동선 〜〜〜
- fluctuating line파상선 /\/\/\/\

3. bar graph막대 그래프 : 데이터 수치를 비교할 때 씁니다.

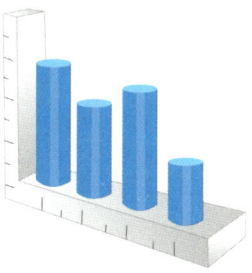

4. pie chart원 그래프 : 각 항목이 차지하는 **percentage**비율를 비교하기에 용이합니다.

5. organization chart조직도 : **department**부서 간의 관계 같은 것을 표현할 때 씁니다.

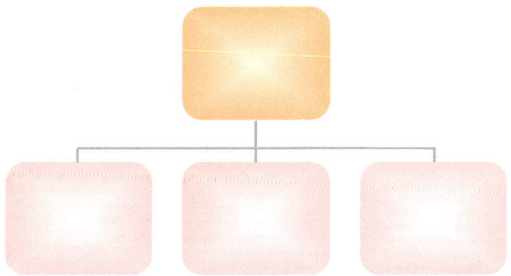

6. flow chart순서도 : 의사 결정 process과정와 같은 절차를 보여줄 때 씁니다.

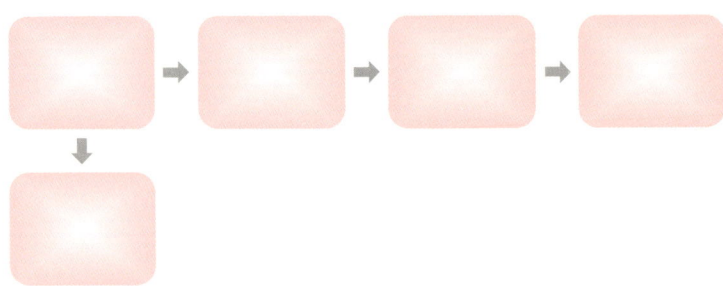

피해야 할 습관

프레젠테이션을 할 때 슬라이드에 발표할 내용을 모두 쏟아넣고 쭉 읽어내리지는 않나요? 슬라이드의 자료는 어디까지나 발표 내용 이해를 돕기 위한 것입니다. 따라서 자료들은 보기 좋게 시각화하는 선에서 준비하고 그 자료들이 의미하는 바가 무엇인지를 설명하는 데에 더 치중해야 하겠습니다.

이런 도표를 만들 때는 정보와 데이터가 적당량만 들어가도록 조정해야 합니다. 정보가 너무 많으면 청중을 질리게 할 수 있으니까요. 또한 numerical value수치들은 실수가 없도록 재확인double check하는 거 잊지 마시고요. 막대 그래프는 second dimension2차원으로 만드세요. third dimension3차원은 읽기가 너무 힘들거든요. graphic그래픽을 이용하여 꾸미는 것도 좋은 방법이지만 너무 많이 사용하면 청중의 집중력을 떨어뜨릴 수 있으니 주의하시고요. 색을 사용할 땐, dark color어두운 색을 사용하세요. 노란색, 오렌지색, 핑크와 같은 light color옅은 색은 피하시고요.

프로젝터를 사용할 때는 방을 darken어둡게 하다해야 slide슬라이드들이 visible보이는해집니다. 헉헉. 한꺼번에 많이 알려 드리려다보니 숨이 다 차네요. 중요한 내용은 적어놓고 다시 한번 상기하는 거 잊지 마세요!

이젠 청중들의 시선을 도표로 옮길 때 쓰는 표현을 알아보죠.

> **자료는 청중이 볼 수 있게**
>
> 스크린을 가리고 서 있지는 않은지 자신이 서 있는 위치를 잘 확인해야 합니다. 그리고 손가락으로 직접 자료를 가리키기보다는 스크린에서 약간 떨어져서 포인터로 자료들을 가리키는 것이 바람직합니다.

시선 유도

Please take a look at this slide.
이 슬라이드를 한번 봐주세요.

Let's look at this slide.
이 슬라이드를 보시죠.

시선을 슬라이드로 옮겼으면 이제 슬라이드에 있는 도표를 설명할 차례입니다. 아래의 원 그래프를 통해 도표를 설명하는 표현을 익혀보자고요.

원 그래프 설명

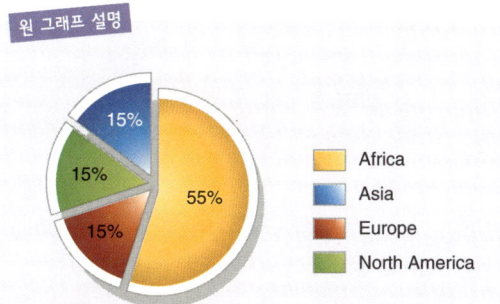

This pie chart shows that more than 50 percent people stayed in Africa for their winter vacation. The red segment shows the percentage of people who stayed in Europe. The segment shaded blue shows the percentage of people who went to Asia.

이 원 그래프는 50% 이상의 사람들이 겨울휴가를 위해 아프리카에 머물렀다는 것을 보여주고 있습니다. 빨간색 부분은 유럽에 머무른 사람들의 비율을 보이고 있습니다. 어두운 파란색으로 칠해진 부분은 아시아로 갔던 사람들의 비율을 보여주고 있습니다.

다음으로는 증감을 위한 필수 어휘들입니다. 만날 써먹는 표현들이니까 입에 딱 붙여놓도록 하세요.

- **stay the same** 유지하다, 같다
- **rise/ increase/ go up** 오르다, 증가하다
- **fall/ decrease/ go down** 내리다, 감소하다

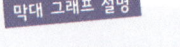

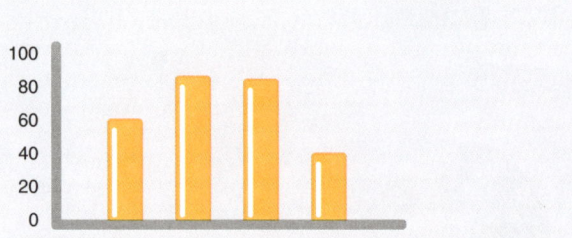

In March, we sold 60,000 units. In April, sales rose to 80,000 units and in May they stayed the same. However, June sales fell to 40,000 units from 80,000 units.

3월에 우리는 6만 대를 팔았습니다. 4월에는 매출이 8만 대로 증가했고 5월에는 같은 수준을 유지했습니다. 그러나 6월 매출은 8만 대에서 4만 대로 떨어졌습니다.

업무에서 활용해보자!

1 막대 그래프 설명

As you can see from the bar graph, our market share has gradually fallen in recent years.
막대 그래프에서 볼 수 있듯이 우리의 시장점유율이 최근 몇 년간 점점 떨어지고 있습니다.

2 선 그래프 설명

Please take a look at the solid line showing inflation.
인플레이션을 나타내는 실선을 봐주세요.

단어암기 노트

- visual aid 시각 기구
- table 표
- cell 칸
- row 행
- column 열
- line graph 선 그래프
- straight line 직선
- solid line 실선
- dotted line 점선
- broken line 파선
- curve 곡선
- undulating line 파동선
- fluctuating line 파상선
- bar graph 막대 그래프
- pie chart 원 그래프
- percentage 비율
- segment 부분

- organizational chart 조직도
- department 부서
- flow chart 순서도
- process 과정
- numerical value 수치
- second dimension 2차원
- third dimension 3차원
- graphic 그래픽
- dark color 어두운 색
- light color 옅은 색
- darken 어둡게 하다
- slide 슬라이드
- visible 보이는
- take a look 한번 보다
- stay the same 유지하다, 같다
- rise/ increase/ go up 오르다, 증가하다
- fall/ decrease/ go down 내리다, 감소하다

EXERCISE

01 해당되는 의미를 찾아 이어보세요!

(1) product launch   •   •   A   기자회견

(2) line graph   •   •   B   실선

(3) pie chart   •   •   C   원 그래프

(4) light color   •   •   D   수치

(5) solid line   •   •   E   통계

(6) dotted line   •   •   F   선 그래프

(7) go up   •   •   G   점선

(8) decrease   •   •   H   증가하다

(9) stay the same   •   •   I   옅은 색

(10) numerical value   •   •   J   같은 수준을 유지하다

(11) statistics   •   •   K   감소하다

(12) press conference   •   •   L   제품 출시

02 빈칸에 단어를 채워보세요!

| I'd like to | fell | illustration | looked | turn | shows |

(1) New vehicle sales for last month _____ 5 percent compared with August.
지난 달 신규 자동차 판매가 8월과 비교해서 5% 떨어졌습니다.

(2) The pie chart _____ our sales by region in 2008.
원 그래프는 2008년도 지역별 매출을 보여주고 있습니다.

(3) Let's _____ now to what has happened since 2007.
자, 이제 2007년 이후로 발생한 건으로 넘어가겠습니다.

(4) We've _____ at this from a marketer's viewpoint.
마케터의 관점에서 이것을 살펴보았습니다.

(5) _____ discuss the importance of the Latin American market.
남미 시장의 중요성을 논의하고자 합니다.

(6) As an _____, middle-aged men prefer talking to someone in person.
예를 들면 중년 남성들은 직접 만나서 얘기하는 것을 선호합니다.

Answer

01   (1) L   (2) F   (3) C   (4) I   (5) B   (6) G   (7) H   (8) K   (9) J   (10) D   (11) E   (12) A

02   (1) fell   (2) shows   (3) turn   (4) looked   (5) I'd like to   (6) illustration

CHAPTER 2
프레젠테이션의 마무리

01 >>> 프레젠테이션의 마무리

결론 및 마무리 인사

이제 **end the presentation**프레젠테이션을 마치다 할 시간입니다. 지금까지 발표한 내용을 **sum up**요약하다하고 **conclusion**결론을 내리는 거죠.

프레젠테이션에 있어서 요약은 상당히 중요한 의미를 지닙니다. 프레젠테이션을 듣는 동안 계속해서 집중하는 청중은 단 한 명도 없다고 생각하는 것이 옳을 것입니다. 발표 내용을 간략하게 정리함으로써 청중들이 다시 한번 되새기는 시간을 주는 것이죠. 조는 사람들도 이때는 잠시 깨는 경우가 많으니까요. ㅋㅋ

요약할 때는 아래와 같은 표현 중에 편한 것을 골라서 사용하세요.

- **now, to sum up** 이제 요약하면
- **So let me summarize[recap] what I've said.**
  제가 말씀 드린 것을 정리하겠습니다.

마무리는 강력하게!

이 부분은 여유를 가지고 발표를 정리하면 되는 시간입니다. 말의 속도를 늦추고 목소리 톤을 낮추세요. 주어진 시간이 얼마 남지 않았다고 해서 서두르지 말고 결론을 천천히 그리고 분명하게 전달하도록 합니다.

결론 없는 프레젠테이션은 나중에 청중들로부터 "그래서? 쟤 지금까지 뭐라는 거야?", "그래서 우리 보고 어쩌라고?"라는 말을 들을 수 있습니다. 즉, 결론을 내야겠죠. "따라서 이 연사 ~라고 강력히 주장합니다!!"라고 프레젠테이션을 매듭짓습니다.

- **in conclusion/ to conclude** 결론을 내리면
- **In conclusion, my recommendation is ~** 결론적으로 제가 제안하는 방안은 ~
- **I therefore suggest/ propose/ recommend the following strategy.**
  따라서 다음과 같은 전략을 제안합니다.

프레젠테이션이 완전히 끝났을 때 이렇게 한마디 던져주세요.

> **끝내기**
>
> **This is the end of my presentation.**
> 이것으로 발표를 마칩니다.

어때요? 너무 어렵지 않게 간단 간단한 표현만 소개해봤는데요. 해볼 만하시죠? 이 중에서 자신에게 맞는 표현들로만 쏙쏙 골라서 연습하면 여러분도 스티브 잡스처럼 멋진 발표자가 될 수 있다고 생각해요! 오버가 아니에요. ㅎㅎ

웃다 보니 마무리 인사를 깜박할 뻔했네요. 우선 바쁜 와중에 찾아와주신 청중들에게 감사의 말을 전합니다.

> **감사 인사**
>
> **Many thanks for your attention.**
> 경청해주셔서 감사합니다.
>
> **Thank you for listening to my presentation.**
> 발표를 들어주셔서 감사합니다.

그리고 나서 **invite questions**질문을 받다하는 시간을 가져야 합니다. 질문이야 말로 청중들과 상호작용을 하면서interact 이해도를 높일 수 있는 방법이니까요. 그리고 질문을 받고선 당황하지 않도록 프레젠테이션 전에 예상 질문을 미리 뽑아서 답변을 연습해두는 것도 잊지 마세요. 자, 그러면 질문을 유도해 볼까요?

> **긍정적인 답변**
> 질문자의 질문을 성의 있게 들어주고 좋은 질문이라면 그에 대해 That's a good question.이라고 추켜주는 등 긍정적인 평가를 내려주는 것도 잊지 마세요. 또 질문에 대한 답변을 정확히 이해했는지도 확인해야 합니다.

질문 유도

Can I answer any questions?
질문 좀 받을까요?

Now I'll try to answer any questions you may have.
갖고 계신 질문에 대답해 드리겠습니다.

Do you have any questions?
질문 있으신가요?

Are there any questions?
질문 있나요?

If you have any questions, I'll be happy to answer them now.
갖고 계신 질문에 기꺼이 답변해 드리겠습니다.

그런데 질문을 못 알아들었거나 질문에 대한 적절한 대답을 찾지 못할 때도 생길 수 있잖아요. 이런 돌발 상황에선 이렇게 답하면 됩니다.

돌발 상황

I'm sorry, but I didn't follow your question.
죄송합니다만 질문을 이해하지 못했습니다.

I'm sorry, but I don't know the answer to that.
죄송합니다만 그것에 대해서는 모르겠네요.

Can I check and get back to you?
확인해보고 알려 드려도 될까요?

업무에서 활용해보자!

1 요약하기

Now, to sum up, my recommendation is to take their advice and develop user-friendly products.
이제 정리하자면 제가 제안하는 것은 그들의 조언을 받아들이고 사용하기 쉬운 제품을 개발하는 것입니다.

2 결론 내리기

In conclusion, we must focus more on research and development.
결론적으로 우리는 연구 및 개발에 더 주력해야 합니다.

3 질문 재요청

A: I think partnering with them is an important step.
그들과 제휴하는 것은 중요한 단계라고 생각합니다.

B: Sorry, but I didn't follow your question. Can you explain your question a little better?
죄송하지만 질문을 이해하지 못했습니다. 좀더 쉽게 설명해주시겠어요?

단어암기 노트

- □ end the presentation 프레젠테이션을 마치다
- □ sum up 요약하다
- □ conclusion 결론
- □ summarize/ recap 요약하다
- □ recommendation 제안
- □ therefore 그러므로, 따라서
- □ attention 주의, 주목
- □ invite questions 질문을 받다
- □ get back 돌아오다
- □ take one's advice 다른 사람의 조언을 받아들이다
- □ user-friendly 사용하기 쉬운

EXERCISE

01 해당되는 의미를 찾아 이어보세요!

(1) sum up	•	•	A 주의, 주목
(2) conclusion	•	•	B 결론
(3) suggest	•	•	C 제안
(4) attention	•	•	D 전략
(5) listen to	•	•	E 요약하다
(6) follow	•	•	F 듣다
(7) question	•	•	G 따라가다, 이해하다
(8) answer	•	•	H 제안하다
(9) recommendation	•	•	I 대답하다
(10) strategy	•	•	J 질문

02 빈칸에 단어를 채워보세요!

> understand   end   listening to   summarize   To conclude   check

(1) Let me _____ and get back to you.
   확인해보고 알려 드리겠습니다.

(2) I'm sorry, but I didn't _____ your question.
   죄송합니다만 질문을 이해하지 못했네요.

(3) Thank you for _____ my long presentation.
   긴 발표를 들어주셔서 감사합니다.

(4) This is the _____ of my presentation.
   이로써 발표를 마칩니다.

(5) Let me _____ what I've said so far.
   지금까지 말씀 드린 것을 정리하겠습니다.

(6) _____, we need to reduce our long-term debt.
   결론적으로 말씀 드리면 우리는 장기부채를 줄여야 합니다.

Answer
01 (1) E (2) B (3) H (4) A (5) F (6) G (7) J (8) I (9) C (10) D
02 (1) check (2) understand (3) listening to (4) end (5) summarize (6) To conclude

웃지마! 나 비즈영어책이야.

지금은 마케팅 전쟁 중

Chapter 1 시장의 구성

Chapter 2 마케팅 요소

CHAPTER 1
시장의 구성

01 >>> 시장의 구성

구매자와 판매자

시장이란 product제품들이 구매되고 판매되는 장소를 말합니다.

그러면 본론에 들어가기 전에 market 시장과 어울려서 쓰이는 단어들을 한번 정리해볼까요?

black		forces
down		leader
up	market	research
free		share
target		segment
niche		growth

black market암시장이란 것은 어두운 시장, 즉 밀거래가 성행하는 시장이에요. 특히 남미 같은 곳에서는 마이애미에서 제품을 smuggle밀수하다해다가 파는 암시장이 성행하고 있다고 하대요? 아이코, 무서워~ down market다운마켓 온 값싼 제품이 유통되는 곳이에요. 반대의 의미로 쓰이는 것이 up market

업마켓이고요. 정부의 통제가 없이 수요와 공급의 법칙에 의해 통제되는 시장을 **free market**자유 시장이라고 하는 것은 고등학교 교육을 받은 사람이라면 누구나가 다 아는 사실이겠죠? **target market**표적 시장은 회사가 제품을 개발할 때 그 제품을 구매할 소비자군을 지칭합니다. **niche market**틈새 시장은 다른 기업에서 아직 건드리지 않은 시장이죠. 그러나 틈새 시장에 진입할 때는 시장 규모가 별로 크지 않다는 것을 염두에 두어야 합니다.

market forces시장의 여러 힘는 말 그대로 시장을 움직이는 힘이죠. 가격, 소비자, 기술 등이 해당됩니다. **market leader**시장지배기업는 시장을 선도하는 회사이고 **market research**시장조사는 한 제품을 개발하기 위해 시장의 경향을 살피는 것이죠. **market share**시장점유율로 생색내는 회사들이 많죠? 우리가 업계 선두니 아니니 하는 것도 시장점유율을 기준으로 하는 경우가 많답니다. **market segment**시장 세분는 시장을 세분화하는 것이죠. 예를 들어 설명하면 신사용 정장 중 나이대로 나누어 20대 시장, 30대 시장으로 구분하는 것입니다. **market growth**시장 성장는 말 그대로 시장의 성장!

판매하는 사람 또는 회사는 뭐라고 할까요? **seller**판매인 또는 **vendor**판매업자라고 부릅니다. 그리고 길거리에서 자리 펴놓고 파는 사람은 **street vendor**노점상인이라고 부르죠.

물건을 구매하는 사람이나 회사를 **buyer**구매자 또는 **purchaser**구매자라고 하고 회사 내에서 구매를 담당하는 사람을 **purchasing manager**구매 담당자 또는 **buying manager**구매 담당자라고 합니다.

구매자는 다른 관점에서 보면 제품을 사용하는 **user**사용자입니다. 그리고 마지막에 물건을 사용하는 사람이라고 해서 **end-user**최종수요자라고도 부른답니다. 이들은 판매자 입장에서 보면 **customer**고객가 되는 것이고요. **consumer**소비자라는 다른 이름이 있다는 것도 잊지 마세요.

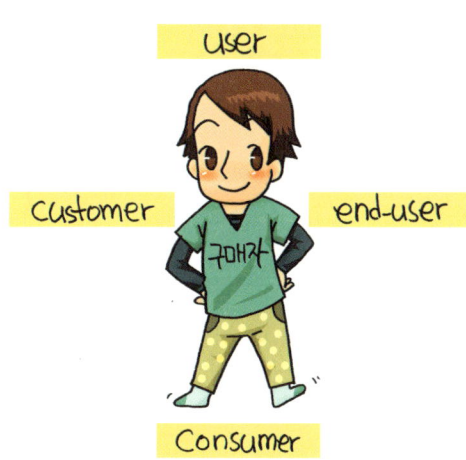

업무에서 활용해보자!

1 다운마켓

A: The defect rate of this cell phone is so high. Why don't we sell it in down markets?
이 휴대폰의 불량률이 아주 높아요. 다운마켓에서 판매하는 게 어때요?

B: Even in down markets, product quality is very important.
다운마켓에서도 품질은 매우 중요합니다.

2 소비자

A: I think our customers are so picky.
우리 고객들은 상당히 까다로운 것 같아요.

B: Don't even say that. We mustn't blame our customers for any reason.
그렇게 말하지 마세요. 우리는 어떠한 이유에서건 고객을 비난해선 안 돼요.

A: What do you think about changing our target market?
우리의 표적 시장을 바꾸는 것에 대해 어떻게 생각해요?

B: It's way too early to change it, Howard.
바꾸는 것은 너무 일러요, 하워드.

단어암기 노트

- product/ item/ good/ merchandise 제품
- market 시장
- black market 암시장
- down market 다운마켓, 값싼 제품이 유통되는 곳
- up market 업마켓, 비싼 제품이 유통되는 곳
- free market 자유 시장
- target market 표적 시장
- niche market 틈새 시장
- market forces 시장의 여러 힘
- market leader 시장지배기업
- market research 시장조사
- market share 시장점유율
- market segment 시장 세분, 수요자층
- market growth 시장 성장
- seller 판매인
- vendor 판매업자
- street vendor 노점 상인
- buyer/ purchaser 구매자
- purchasing manager/ buying manager 구매 담당자
- user 사용자
- end-user 최종수요자, 실수요자
- customer 고객
- consumer 소비자
- defect 결점, 단점
- picky 성미가 까다로운

02 >>> 시장의 구성

시장 조사

한 회사가 **specific market**특정 시장에 **enter**진입하다 하려고 사업 계획을 세웠다면 그 시장에서 살아 남아 **profit**이윤을 남기는 것이 **final goal**최종 목표이 라고 할 수 있습니다. 그러나 시장이 만만하지 않 을 경우, 그 시장을 **give up**포기하다해야 하는 일도 생기죠.

2004년으로 거슬러 올라가 볼까요? 당시 제가 다니던 회사에서는 일본 시장에 진입하느냐 마느냐를 가지고 회의를 연 적이 있었답니다. 당시 부장님은 "파나소닉 (Panasonic)이 CCTV 시장을 **dominate**지배하다하고 있는데 우리가 들어간다고 팔리겠어?"라고 하시더라고요. 아, 소심한 우리 부장님. ㅜㅜ 그래서 제가 한마디 했죠. "부장님! 파나소닉이 **corner a market**시장을 독 식하다하니까 **leave a market**시장을 포기하다하자고요? 일본 시장은 **potential**잠재성 이 크단 말이에요. 안 돼요, 안 돼!"라고 했던 기억이 새록새록하네요. ^^

지금 대화에서 나온 표현을 다시 정리합시다!!

- **enter/ penetrate a market** 시장에 진입하다
- **dominate a market** 시장을 지배하다
- **corner/ monopolize a market** 시장을 혼자서 독식하다
- **leave/ abandon/ get out of a market** 시장을 포기하다

같은 시장 내에 있는 제품이나 회사를 **competitor** 경쟁자라고 합니다. 회사들은 시장에서 **survive** 살아남다 하기 위해 경쟁자들과 **compete** 경쟁하다 해야 하는 것은 당연한 일이겠죠. 경쟁시장에서도 앞서가는 업체들이 있는데 이들을 **key player** 핵심 회사라고 부른답니다.

> **경쟁사 분석 단계**
> 1. 경쟁 대상 기업, 특히 가장 직접적인 경쟁사와의 경쟁 강도 파악
> 2. 경쟁사의 성과, 전략 검토
> 3. 자사의 대응 방안 강구

여러분들이 속해 있는 시장은 상황이 어떤가요? 경쟁이 **intense** 극심한 한가요? 아니면 그 정도까지는 아니고 **tough** 심한 정도? 제일 좋은 시장은 경쟁이 **low-key** 저조한 시장이겠죠? 룰루랄라~ 여유 있게 대응할 수 있으니까 말이에요. ㅎㅎ

마케팅은 **make a profit** 수익을 만들다 하기 위해 **satisfy[meet] customers' needs** 고객의 요구를 충족시키다 하는 일련의 과정이라고 할 수 있어요. 거기엔 당연히 **pricing** 가격책정, **promotion** 홍보, **distribution** 유통 등의 과정이 포함됩니다.

conduct market research 시장조사를 행하다 하기 전에는 다음과 같은 질문을 던져보아야 합니다.

1. What are the trends 경향은 어떤가?
2. Who are the competitors 경쟁자는 누구인가?
3. What is happening in the market 시장에서 무슨 일이 일어나고 있는가?

이런 내용을 바탕으로 소비자들의 요구를 알기 위해서 시행하는 것이 시장조사인데요. 이 조사를 통해 고객, 경쟁자 그리고 시장에 관한 정보와 데이터를 획득할 수 있습니다. 이 과정을 통해서 새로운 **business plan** 사업 계획을 수립하거나 새로운 제품 또는 서비스를 창출할 수 있게 되는 것입니다.

설문지 작성 방법
1. 질문은 짧고 간단하게 합니다.
2. 쉬운 용어를 사용합니다.
3. 한 질문 안에 여러 주제를 포함하지 않습니다.
4. 답을 유도하는 질문을 피합니다.

시장조사를 **conduct** 수행하다 할 때 흔히 쓰이는 방법은 **questionnaire** 앙케트 조사, **survey** 여론 조사 등이 있습니다. 그리고 **focus group** 포커스 그룹을 구성하여 조사하는 방법이 있는데 이것은 평범한 사람들 ordinary people 이 모여서 제품에 대한 생각을 부담 없이 자유롭게 나누는 방식으로 진행됩니다.

시장조사를 대행해주는 회사들이 있는데 이들을 **market research firm** 시장조사 업체 이라고 부릅니다. 대표적인 회사들로는 The Nielsen Company, Kantar Group, GfK AG USA, Ipsos, Opinion Research Corp 등이 있죠.

업무에서 활용해보자!

1 시장 진입

A: I firmly believe that we should enter the new market.
새 시장에 진입해야 한다고 굳게 믿습니다.

B: I wish I could. But as you know, there are too many players there. I don't think we can survive the stiff competition.
그럴 수 있으면 좋죠. 하지만 당신도 알다시피 경쟁업체가 너무 많아요. 우리가 극심한 경쟁에서 살아남을 수 있을지 모르겠네요.

2 시장 포기

A: According to his report, we aren't generating profits in China.
그의 보고서에 의하면 우리는 중국에서 수익을 창출하지 못하고 있어요.

B: Does that mean we should abandon the Chinese market?
중국시장을 포기해야 한다는 얘기예요?

A: You bet. We should get out of it as soon as possible.
바로 그 말입니다. 가능한 한 빨리 거기서 빠져나와야 합니다.

3 치열한 경쟁

A: Who are the key players?
주요 선두 기업이 어디예요?

B: Toyota and Honda. They are dominating the Japanese car market. In addition, competition is very intense.
도요타와 혼다입니다. 그들이 일본 자동차 시장을 지배하고 있어요. 게다가 경쟁이 아주 극심해요.

4 시장조사

A: We need to do market research to assess the growth potential of this on-line service.
이 온라인 서비스의 성장 가능성을 타진하기 위해 시장조사를 할 필요가 있어요.

B: That's a good idea. In order to do that, we should hire a market research firm first.
그거 좋은 생각입니다. 그러기 위해서는 먼저 시장조사업체를 구해야 합니다.

단어암기 노트

- specific market 특정 시장
- enter 진입하다
- profit 이윤
- final goal 최종 목표
- give up 포기하다
- dominate 지배하다
- corner a market 시장을 독식하다
- leave a market 시장을 포기하다
- potential 잠재성
- penetrate 시장에 침투[진출]하다
- monopolize 독점하다
- abandon 그만두다, 단념하다
- competitor 경쟁자
- survive 살아남다
- compete 경쟁하다
- key player 핵심 회사, 주요 회사
- intense/ stiff/ fierce 극심한
- tough 심한

- low-key 저조한, 경쟁이 심하지 않은
- make a profit 수익을 만들다
- satisfy[meet] customers' needs 고객의 요구를 충족시키다
- pricing 가격책정
- promotion 홍보
- distribution/ place 유통
- conduct/ carry out/ do market research 시장조사를 행하다
- trend 경향
- business plan 사업 계획
- conduct 수행하다, 처리하다
- questionnaire 앙케트, 설문조사
- survey 여론 조사
- focus group 포커스 그룹(테스트할 상품에 대해 토의하는 소비자 그룹)
- market research firm 시장조사업체

EXERCISE

01 해당되는 의미를 찾아 이어보세요!

(1) product — A 구매 담당자
(2) market share — B 제품
(3) niche market — C 포기하다
(4) purchasing manager — D 유통
(5) low-key — E 시장점유율
(6) questionnaire — F 고객의 요구
(7) customers' needs — G 앙케트 조사
(8) distribution — H 틈새 시장
(9) abandon — I 지배하다
(10) dominate — J 저조한

02 빈칸에 단어를 채워보세요!

> end-user   key players   competitors   meet   target   conduct

(1) They will _____ market research to find out what customers want.
고객들이 원하는 것을 찾기 위해 시장조사를 실시할 것입니다.

(2) Who are the _____ in this market?
이 시장에서 어디가 주요 선두 기업들이죠?

(3) We should think about it from the _____'s point of view.
우리는 최종수요자의 관점에서 그것을 생각해야 합니다.

(4) We should create strategies that _____ customers' needs.
고객의 요구를 충족시키는 전략을 창출해야 합니다.

(5) Please report how our _____ market their products.
경쟁사들이 제품을 어떻게 마케팅하는지 보고하세요.

(6) Our _____ customers are the early adopters.
우리의 목표 고객은 얼리 어답터[신제품 초기 수용자]들입니다.

Answer

01 (1) B (2) E (3) H (4) A (5) J (6) G (7) F (8) D (9) C (10) I
02 (1) conduct (2) key players (3) end-user (4) meet (5) competitors (6) target

CHAPTER 2
마케팅 구성 요소

01 >>> 마케팅 구성 요소

4 Ps

마케팅 전략을 수립하는 데 고려해야 할 네 가지 본질적인 요소를 4 Ps라고 합니다. **price**가격, **promotion**홍보, **product**제품, **place**유통 경로, 이 네 가지가 판매와 구매를 촉진하기 위한 핵심 요소로서 마케팅 전략을 수립할 때 고려해야 하는 것들입니다. 이 4 Ps를 최적의 상태로 배합하는 것을 **marketing mix**마케팅 믹스라고 하는데요. 4 Ps는 유기적인 관계로 상호 영향을 미치게 됩니다.

▌**4P, 5P, 6P**

Product, Price, Place, Promotion에 People을 더하여 5P, 여기에 Process를 더하여 6P라고도 합니다.

고객을 **attract**끌어들이다하고 **retain**유지하다하기 위해서 여러분이 다니고 있는 회사에서 구성한 독특한**unique** 마케팅 믹스는 무엇인가요? 여러분만의 마케팅 믹스를 구성하기 위해 다음 사항을 고려해보세요.

199

1. **target market**표적 시장규명하다을 **identify**하라.
2. **target consumer**목표 소비자들의 **need**원하는 것를 파악하라.
3. 경쟁사에 비해 당신이 가지고 있는 **advantage**장점들을 **assess**평가하라.

이러한 요소들을 고려하여 생기는 것이 **market position**시장 내 지위인데 이것은 특정 시장에서 자신의 회사가 어떠한 위치를 차지하느냐를 나타내는 것이죠. 이러한 시장 내 지위는 아래와 같은 항목들에 의해 형성이 된다고 합니다!

1. **feature and benefit**제품이나 서비스의 특징과 혜택
2. **the length of time**사업 기간
3. **location**사업장의 위치
4. **the size of the operation**사업의 규모
5. **price**가격
6. **reputation/ fame**회사의 명성

위의 모든 요소들이 종합되어 시장 내에서의 한 회사의 입지가 결정된다고 하네요.

마지막으로 판매 촉진을 위해 각각의 마케팅 요소별로 들어가는 인쇄물에는 어떤 것들이 있을지 짚어보면 여러분의 어휘는 한 단계 업그레이드!!

1. **Product : label**라벨/ **packaging**포장/ **user manual**사용 설명서
2. **Place : poster**포스터/ **banner**현수막/ **signage**간판
3. **Promotion : leaflet[flyer]**전단지/ **brochure**소책자/ **point-of-sale display**
   상점 내 한 곳에서 집중 홍보
4. **Price : price list**가격표/ **regular price**정가/ **discounted price**할인가격

업무에서 활용해보자!

1 마케팅 중점 사안

A: Where do you think we should focus?
어디에 중점을 두어야 할까요?

B: We should focus more on promotion.
홍보에 더 중점을 두어야죠.

2 표적 시장

A: What's our target market?
우리의 표적 시장은 어디입니까?

B: It's mainly "fun-loving" 18-28 year olds.
주로 재미있는 것을 좋아하는 18세에서 28세 사이입니다.

3 시장 내 지위

A: Our market position is much stronger than it's ever been in the past.
우리의 시장 내 지위가 과거보다 훨씬 강력해졌습니다.

B: You are right. It's due to our outstanding product quality.
맞습니다. 우리의 탁월한 품질 때문이죠.

단어암기 노트

- price 가격
- promotion 홍보
- product 제품
- place 유통 경로
- marketing mix 마케팅 믹스
- attract 끌어들이다
- retain 유지하다
- target market 표적 시장
- identify 규명하다
- target consumer 목표 소비자
- need/ desire 원하는 것
- advantage 장점
- assess 평가하다
- market position 시장 내 지위
- feature 특징
- benefit 혜택
- location 위치
- operation 사업
- reputation/ fame 명성
- label 라벨
- packaging 포장
- user manual 사용 설명서
- poster 포스터
- banner 현수막; 인터넷 배너 광고
- signage 간판
- leaflet/ flyer 전단지
- brochure 소책자
- point-of-sale display 상점 내 한 곳에서 집중 홍보
- price list 가격표
- regular price 정가
- discounted price 할인가격

02 >>> 마케팅 구성 요소

product

제품에는 여러 가지 **shape**형태가 있죠. **rectangle**직사각형, 4개의 **side**변의 길이가 모두 같고 4개의 **corner**모서리가 **right angle**직각인 **square**정사각형, **triangle**삼각형 그리고 **circle**원형 등이 대표적입니다.

좋은 상품 디자인의 조건
1. 합목적성
2. 심미성
3. 경제성
4. 독창성

위의 단어들은 문서에 표기할 때 쓰는 단어들이고, 실제로 대화를 할 때는 이런 식으로 대화가 이루어지니 한번 따라서 읽어보세요. 입을 열어야 영어가 늡니다~!!

부피 표현

A **What are its dimensions?**
부피가 어떻게 되죠?

B **It's 5 centimeters wide by 5 centimeters long, and 2 centimeters thick.**
가로세로 5센티에 두께는 2센티입니다.

A **Is it rectangular?**
직사각형이에요?

B No, it's a square.
   아니요. 정사각형이요.

A Is it heavy? How much does it weigh?
   무거워요? 무게가 얼마나 나가죠?

B It's very light. It weighs only
   1.5 kilograms.
   아주 가벼워요. 겨우 1.5킬로예요.

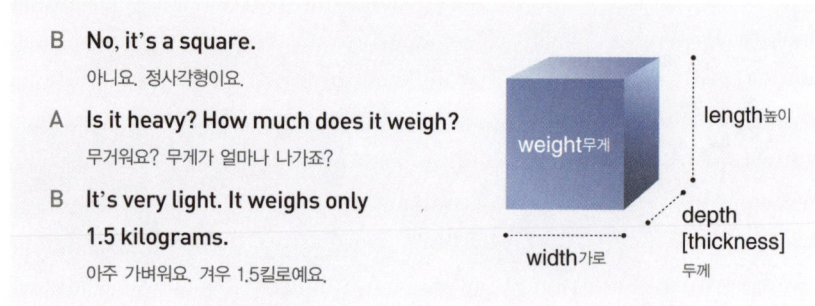

제품은 저마다 **product feature**제품의 특징들을 가지고 있죠.

manufacturing company제조업체들에게 제품이란 **tangible**손에 잡히는 물건이지만 **service company**서비스업체들에겐 **intangible**손에 잡히지 않는 서비스란 점도 기억하세요.

6시그마
생산품 100만 개 가운데 3.4개의 결함이 나는 품질 수준

서비스에 관해 얘기할 땐 주관심사가 **reliable**믿을 만하다한지, **comfortable**편안하다한지 아니면 서비스를 제공하는 사람들이 **friendly**친절한지 등이 되겠죠. 이렇게 서비스의 **quality**질에 대해 물어볼 땐 이렇게 말합니다. "What is the service like서비스는 어떻습니까?"

제품에 **problem**문제이 생기면 그것만큼 골치 아픈 일이 없죠. 우선, 제품에 문제가 있음을 알리는 표현부터 짚어보겠습니다.

제품 문제 발생 표현

This product is not working properly.
이 제품이 제대로 작동하지 않아요.

This product is malfunctioning.
이 제품이 오작동하고 있어요.

This product broke down.
이 제품이 고장났어요.

I have some problems with this product.
이 제품에 몇 가지 문제가 있어요.

제품 사용자들이 제품에 문제가 생겨서 call center고객센터로 전화를 걸면 제품이 under guarantee품질이 보증되는한지 repair수리는 가능한지 replacement제품 교환를 받을 수 있는지 등을 묻습니다. 회사 측에서는 사용자들이 제품을 사용할 때 instruction manual사용 설명서을 항상 참조하여 malfunction오작동을 방지하도록 유도해야 합니다. 그러나 회사에서 무엇보다도 최선을 다해야 할 일은 defect rate불량률를 낮추기 위해 항상 노력하는 것입니다.

자, 이번에는 제품의 수명주기에 관해 이야기해보겠습니다.

신상품 개발 단계

1. 아이디어 생성
2. 감별
3. 사업성 분석
4. 시상품 개발
5. 상품화

It is developed by a company.
제품이 회사에서 개발된다.

It is made in a factory.
공장에서 제조된다.

It is shipped[flown] to Japan.
일본으로 배송된다.

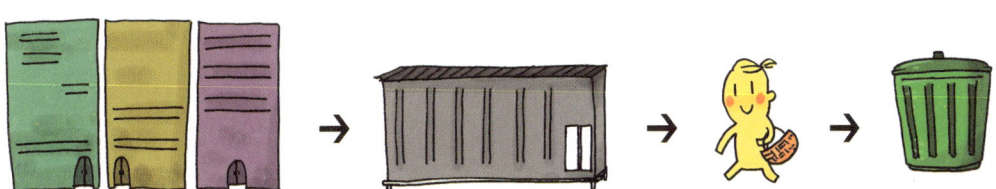

It is distributed to a retailer.
유통업체로 분배된다.

It is stored in a warehouse.
창고에 저장된다.

It is bought by an end-user.
최종수요자에 의해 구매된다.

It is disposed of by an end-user.
최종수요자에 의해 버려진다

상품 수명 주기(PLC)
1. 도입기
2. 성장기
3. 성숙기
4. 쇠퇴기

제품의 일생은 기구하기 짝이 없네요. 마지막엔 폐기처분되니까 말이에요.

제품과 밀접하게 관련이 있는 것이 바로 **brand**브랜드인데요. 브랜드라는 것은 사람들이 쉽게 **recognize**알아보다할 수 있도록 제품에 부여하는 고유의 이름입니다. 예를 들면 **automobile**자동차은 제품이고, '에쿠스'는 브랜드인 거죠.

브랜드 네이밍
1. 발음하기에, 듣기에 좋아야 합니다.
2. 써놓았을 때 보기 좋아야 합니다.
3. 연상의 고리가 많아야 합니다.
4. 참신하고 독창적이어야 합니다.
5. 법적으로 보호받을 수 있어야 합니다.
6. 상품 특성을 잘 전달할 수 있어야 합니다.
7. 핵심 목표층에 호소할 수 있어야 합니다.
8. 친근한 느낌을 줘야 합니다.
9. 확장성이 좋아야 합니다.

또 제조업체가 직접 자기 회사의 이름으로 파는 제품은 **own-brand product**자가브랜드라고 하고 다른 회사의 청탁을 받아 그 회사의 이름으로 파는 제품은 **OEM product**주문자 상표 부착 제품이라고 합니다. 브랜드가 없는 제품도 있는데요. 이것은 **generic product**상표 없는 제품라고 부릅니다. 이런 제품은 후진국에서 흔히 볼 수 있는 제품으로 만들지도 사지도 말아야겠죠?

브랜드는 얼마나 많은 사람들이 알아보느냐를 나타내는 **brand recognition[awareness]**브랜드 인지도, 사람들이 그 브랜드에 대해 어떻게 생각하느냐를 보여주는 **brand image**브랜드 이미지, 고객들이 브랜드에 얼마나 충성스러운지를 나타내는 **brand loyalty**브랜드 충성도와 연결됩니다. 이렇게 제품의 이미지를 만들어가는 과정을 **branding**브랜드화이라고 부르고요.

보너스로 제품과 조합된 단어들을 공부해볼까요?

- **product mix[portfolio]**제품 믹스
- **product line[range]**제품군
- **product life cycle**제품 수명주기
- **product placement[positioning]**제품 포지셔닝

업무에서 활용해보자!

1 서비스

A: What was the service like?
서비스 어땠어요?

B: The staff were very unfriendly and not helpful.
직원들이 아주 불친절하고 도움이 전혀 안 됐어요.

2 제품 문제 발생 신고

A: Service department. How can I help you?
서비스부서입니다. 어떻게 도와 드릴까요?

B: The notebook I bought six month ago is not working properly.
6개월 전에 산 노트북이 제대로 작동하지 않아요.

A: What make is it?
메이커가 뭐죠?

B: It's Toshiba.
도시바요.

A: I see. They guarantee their products for one year. So it's still under guarantee.
알겠습니다. 도시바는 1년간 품질을 보장합니다. 따라서 아직 품질보증 기간이시네요.

3 브랜드 인지도

A: Our brand awareness in the United States is too low.
미국에서 우리 브랜드 인지도가 너무 낮아요.

B: I told you so many times we should develop our own-brand products to raise it.
인지도를 높이기 위해서 자가브랜드를 개발해야 한다고 수차례 말씀 드렸잖아요.

단어암기 노트

- shape 형태
- rectangle 직사각형
- side 변
- corner 모서리
- right angle 직각
- square 정사각형
- triangle 삼각형
- circle 원형
- dimensions 부피
- weight 무게
- length 높이, 세로
- depth/ thickness 두께
- width 가로
- product feature 제품의 특징
- manufacturing company 제조업체
- tangible 손에 잡히는
- service company 서비스업체
- intangible 손에 잡히지 않는
- reliable 믿을 만한
- comfortable 편안한
- friendly 친절한
- quality 질
- problem 문제
- work 작동하다
- properly 제대로

- break down 고장나다
- call center 고객센터, 콜센터
- under guarantee 품질이 보증되는
- repair 수리
- replacement 제품 교환
- instruction manual 사용 설명서
- malfunction 오작동
- defect rate 불량률
- brand 브랜드
- recognize 알아보다
- automobile/ vehicle 자동차
- own-brand product/ own-label product 자가브랜드
- OEM product OEM제품, 주문자 상표 부착 제품
- generic product 상표 없는 제품
- brand recognition/ brand awareness 브랜드 인지도
- brand image 브랜드 이미지
- brand loyalty 브랜드 충성도
- branding 브랜드화(제품의 이미지를 만들어나가는 과정)
- product mix/ product portfolio 제품 믹스 (판매되는 전제품의 리스트)
- product line/ product range 제품군
- product life cycle 제품 수명주기
- product placement/ product positioning 제품 포지셔닝

03 >>> 마케팅 구성 요소

price

pricing가격책정은 **price war**가격 전쟁이라고 불릴 만큼 제품의 성공 여부를 가르는 중요한 요소 중의 하나라고 볼 수 있습니다. 대부분의 소비자들이 **price-sensitive**가격에 민감한 반응을 보이니까요. 당연한 얘기죠. 나라도 비싼 건 안 사겠다~ ^^

> **가격 할인 전략**
> 1. 현금 할인 Cash Discount
> 2. 수량 할인 Quantity Discount
> 3. 시간 할인 Time Discount

가격의 종류에는 여러 가지가 있습니다.

- **list price**정가
- **market price**시장가격
- **purchase price**구매가격
- **cut[discounted] price**할인가격

위의 단어들을 어떻게 활용하는지 살펴봅시다.

> **가격 표현**
>
> **We are expecting housing prices to rise.**
> 저희는 주택가격이 오르기를 기대하고 있습니다.
>
> **Present this coupon in a store and save 15 percent on the list price of all the books.**
> 가게에서 이 쿠폰을 제시하세요. 그러면 모든 책을 정가에서 15% 할인받을 수 있습니다.

가격 결정 기준
1. 고객
2. 경쟁사
3. 원가

가격에는 **include tax**세금을 포함하다하는 경우도 있고 **exclude tax**세금을 포함하지 않다하는 경우도 있으니 이를 잘 살펴봐야 합니다. 그리고 제품에 따라서 **VAT(Value Added Tax)**부가가치세가 붙을 때도 있습니다.

그러면 가격을 묻고 대답하는 표현을 잠깐 알아볼까요?

가격 질문과 대답

How much is this model?
What's the price of this model?
How much does this model cost?
이 모델은 얼마입니까?

This model is $350.
The price of this model is $350.
This model costs $350.
이 모델은 350달러입니다.

판매용이 아닌 경우 그 가치를 매기고자 할 때는 다음과 같이 표현할 수 있답니다. The value of a human life has decreased인간 삶의 가치가 줄어들고 있다., This singer is worth $50 million이 가수는 5천만 달러의 가치가 있다.처럼요.

가격의 높고 낮음은 어떻게 표현할까요? 가격이 높으면 **high-priced[expensive]**비싼, 중간이면 **mid-priced[modest]**중간 가격대의, 낮으면 **low-priced[cheap]**싼로 표현합니다.

제품은 **price range**가격대에 따라 그리고 **specification**사양 수준에 따라 기본형에서 조금 복잡한 것으로 나눌 수 있답니다.

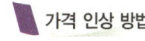

가격 인상 방법
1. 서비스와 가격의 분리
2. 할인율 감소
3. 양과 질의 조정

- 성능이 다양한 고가제품
- 중가제품
- 기본 성능만을 갖춘 저가제품

가격과 비슷한 의미로 쓰일 수 있는 것 중에 비즈니스 영어에서 자주 사용되는 단어가 cost인데요. 이것은 '만드는 데 들어간 돈' 또는 '사는 데 들어간 돈' 둘 다를 의미하고요. 동사로는 '(비용이) 들다'의 뜻을 가지고 있습니다. cost와 함께 어울려 쓰는 단어들도 공부해볼까요?

- **cost-effective**비용 효율적인
- **cost-saving**비용을 절감할 수 있는
- **low-cost**저비용의
- **cost-cutting**비용을 줄이는

자, 그럼 cost를 활용한 예문까지! 아싸~

cost 예문

The cost of white bread has risen by 40 percent.
흰빵 가격이 40% 상승했습니다.

It is going to cost me $1,500 to fix my car.
제 차를 고치는 데 천오백 달러가 들 거예요.

업무에서 활용해보자!

1 시장 가격

A: Certain dealers have sold our products at higher than market price.
몇몇 판매업자들이 제품을 시장가격보다 더 높게 팔고 있습니다.

B: Really? That's why our sales have been reducing.
정말이에요? 그래서 우리 매출이 줄어들고 있군요.

2 가격

A: What's the price of rice in Vietnam?
베트남에서의 쌀 가격은 얼마죠?

B: The price of 25 kilograms of standard is marked US$8.
표준 25킬로의 가격이 미화 8달러로 표시되어 있더라고요.

3 저가제품

A: Do you really think we should make low-end products?
정말로 저가제품을 만들어야 한다고 생각해요?

B: Yes. So we can sell more.
그래요. 그래야 더 팔 수 있다고요.

단어암기 노트

- pricing 가격책정
- price war 가격 전쟁
- price-sensitive 가격에 민감한
- list price 정가
- market price 시장가격
- purchase price 구매가격
- cut[discounted] price 할인가격
- include tax 세금을 포함하다
- exclude tax 세금을 포함하지 않다
- VAT(Value Added Tax) 부가가치세
- high-priced/ expensive 비싼
- mid-priced/ modest 중간 가격대의
- low-priced/ cheap 싼
- price range 가격대
- specification 사양 수준
- top-end/ high-end 최고급의; 고성능의
- mid range 중간 정도의
- bottom-end/ low-end 싼; 저급의
- cost-effective 비용 효율적인
- cost-saving 비용을 절감할 수 있는
- low-cost 저비용의
- cost-cutting 비용을 줄이는
- dealer 판매업자
- standard 표준, 기준

04 >>> 마케팅 구성 요소

place

유통 경로의 필요성

유통 경로 없이 직접 거래하면 고객의 수에 따라 거래 비용이 발생하지만 중간상을 두면 거래 비용을 중간상의 수만큼으로 줄일 수 있습니다.

대부분의 회사들은 제품을 시장에 내놓기 위해 **intermediary**중개업자를 활용합니다. 이러한 과정을 **distribution**유통이라고 하며 유통 과정에서 이용하는 **distribution network**유통망이 바로 **distribution channel**유통채널이 되는 것입니다. 기업들은 왜 직접 유통시키지 않고 유통채널을 통해 물건을 팔까요? 그것은 바로 **distribution cost**유통비용를 줄일 수 있기 때문입니다. 중개업자들은 수십 년간 쌓아온 **knowhow**노하우와 유통망으로 여러 가지 제품을 대량 유통시킴으로써 비용을 줄일 수 있기 때문에 많은 회사들이 판매를 위탁하는 것입니다.

중개업자는 크게 **wholesaler**도매업자와 **retailer**소매업자로 나누고 이 둘을 가리켜 **distributor**유통업체라고 합니다. 단, 컴퓨터를 판매하는 업자들은 reseller라고 따로 부르기도 합니다.

제조업체가 제품을 직접 소비자에게 파는 것은 **direct-marketing**직접마케팅이라고 하고 중간에 도소매업체를 끼고 파는 것은 **indirect-marketing**간접마케팅이라고 부릅니다.

1. direct-marketing

2. indirect-marketing

소비자가 물건을 구매하는 곳을 보통 **shop**가게 또는 **store**상점라고 하는데요. 제조업체 측에서는 이러한 가게를 **retail[sales] outlet**소매점이라고 부릅니다.

자, 그럼 또 물건 파는 가게의 종류를 알아볼까요?

1. **hypermarket**대형슈퍼마켓 : 온갖 종류의 제품이 다 있는 대규모 상점. 주로 도시 외곽에 위치하며 Wal-Mart가 대표적인 예입니다.
2. **supermarket**슈퍼마켓 : 주로 식료품을 파는 대규모 상점. deep discounter 라고 불리는 슈퍼마켓도 있는데 이는 제품을 할인하여 아주 값싸게 파는 곳이죠.
3. **department store**백화점 : 도시 중심부에서 다양한 종류의 고가제품들을 파는 곳입니다.
4. **convenience store**편의점 : **residential area**주거 지역에 위치해서 거의 **around the clock**24시간 꼬박의으로 영업하는 곳.
5. **chain store**체인점 : 각지에서 같은 이름을 가지고 물건을 파는 곳. **franchise**프랜차이즈와 같은 개념입니다.

이외에도 약품류 및 일용잡화를 파는 상점을 **drugstore**드러그스토어, 약국라고 하고 **factory shop**공장 직판장이라고 해서 약간 **damaged**훼손된되거나 **out-of-date**구식의 제품들을 싼 가격에 파는 곳도 있답니다. 아차! 요즘은 **home shopping network**홈쇼핑채널도 빼먹어선 안 되죠?

이러한 상점들이 도시 내에 빼곡히 모여 있으면 **shopping center**상점가, 도시 외곽에 있으면 **shopping mall**상점가이라고 합니다~!

업무에서 활용해보자!

1 유통업체

A: We finally made a contract with the retailer!
그 소매업체와 드디어 계약을 맺었습니다!

B: Congratulations! Our sales will definitely increase!
축하해요! 매출이 확실히 늘겠군요!

2 직접마케팅

A: I believe that direct marketing will gain a more important position in this market.
이 시장에서는 직접마케팅이 더 중요한 위치를 차지할 것이라고 생각해요.

B: But competitive price offers by retailers are beginning to be accepted by consumers.
하지만 소매업자가 제공하는 경쟁력 있는 가격이 소비자들 사이에서 인기를 얻기 시작했다고요.

단어암기 노트

- intermediary 중개업자
- distribution 유통
- distribution network 유통망
- distribution channel 유통채널
- distribution cost 유통비용
- knowhow 노하우
- wholesaler/ middleman 도매업자
- retailer 소매업자
- distributor 유통업체
- direct-marketing 직접마케팅
- indirect-marketing 간접마케팅
- shop 가게
- store 상점
- retail[sales] outlet 소매점
- hypermarket 대형슈퍼마켓
- supermarket 슈퍼마켓
- department store 백화점
- convenience store 편의점
- residential area 주거 지역
- around the clock 24시간 꼬박이
- chain store 체인점
- franchise 프랜차이즈
- drugstore 드러그스토어, 약국
- factory shop[outlet] 공장 직판장
- damaged 훼손된
- out-of-date 구식의
- home shopping network 홈쇼핑 채널
- shopping center 상점가
- shopping mall 상점가

05 >>> 마케팅 구성 요소

promotion

제품을 만드는 것보다 어떻게 **promotion**홍보하느냐가 더 중요한 것 아시죠?

그러면 프로모션의 꽃이라고 할 수 있는 **advertisement**광고의 종류를 제가 진행했던 프로젝트를 통해서 살펴봅시다. 제가 참여했던 프로젝트의 신제품인 휴대폰 '무비박스'가 미국 시장에 처음 출시되었을 때의 일입니다. 우선 USA Today에 **classified ad**신문지상광고를 때렸습니다! 미국에서 발간되는 **national newspaper**전국신문들 중의 하나로서 그 영향력이 상당하거든요. 또 도시의 **landmark**중심 건물 및 조형물들에다가 **neon sign**네온 사인 광고를 하기도 했고요. 고속도로 주변에다가는 **billboard**게시판광고도 하고 휴대폰의 실제 크기보다 100배 크게 만든 **special display**특수전시물를 세워두기도 했죠. 아! 가장 중요한 건 **TV commercial**TV광고을 하니까 매출이 정말 쑥쑥 올라가더라고요~ 역시 광고의 힘이 무섭다는 것을 새삼 느꼈답니다.

■ 광고의 목적
1. 고지[정보 전달]
2. 설득
3. 상기시킴

■ 광고 매체 선정 고려 요소
1. 도달 범위
2. 노출 빈도
3. 영향력
4. 비용

PPL

광고 같지 않은 광고로 Product Placement의 줄임말. 영화나 TV 등의 화면 속에 자사의 상품을 배치하는 것으로 관객들은 무의식 중에 상품의 이미지를 흡수하게 됩니다.

이외에도 **Internet** 인터넷 또한 새로운 **advertising medium** 광고매체으로 급부상하고 있습니다. 한 가지 주의해야 할 점은 인터넷으로 제품을 홍보하는 이메일을 보낼 때는 상대방이 **junk[spam] mail** 정크메일로 생각하여 열어보지도 않을 수 있다는 점을 잊지 마세요. 한 가지 더! 광고에는 **tag line** 문구이 중요합니다. 어떻게 소비자들에게 기억되느냐 아니냐는 이 한 줄에 달려 있거든요.

또 **celebrity** 유명인사들의 **product endorsement** 제품 추천를 통해서 홍보하기도 하고 **concert** 콘서트나 **sports event** 스포츠 행사 등을 후원하는 **sponsorship** 스폰서십을 통해서 홍보하기도 합니다. 이러한 일련의 활동을 **advertising campaign** 광고 캠페인이라고 하고 이런 일을 하는 업체를 **advertising agency** 광고대행사라고 합니다~!

구체적인 **promotional activity** 판촉 활동를 알아볼까요? 배울 것 많아서 좋죠? ㅋㅋ **free sample** 무상 샘플, **free gift** 무상 선물, **special offer** 특가, **competition with prizes** 경품행사, **point card** 적립카드, **cross-promotion** 타제품과의 공동 판촉 등이 있답니다.

업무에서 활용해보자!

1 광고 방법 논의

A: The new sports magazine is coming out next month. How will you advertise it?
새로운 스포츠 잡지가 다음 달에 나와요. 어떻게 광고할 거예요?

B: We're thinking about making a TV commercial.
TV광고 제작을 생각 중이에요.

2 판촉 활동

A: So did you think about how to increase our sales?
그래서 매출을 올릴 방법에 대해 생각해보았나요?

B: Yes. We're planning to give out cell phone cases as a free gift. And a point card will be issued to our customers.
네. 무상 선물로 휴대폰 케이스를 배포할 계획입니다. 그리고 적립카드가 고객들에게 발행될 겁니다.

단어암기 노트

- promotion 홍보
- advertisement 광고
- classified ad 신문지상광고
- national newspaper 전국신문
- landmark 중심 건물 및 조형물
- neon sign 네온 사인
- billboard 게시판광고
- special display 특수전시물
- TV commercial TV광고
- Internet 인터넷
- advertising medium 광고매체
- junk mail/ spam mail 정크메일
- tag line 표어, 슬로건, 제품을 고객에게 기억하게 하기 위한 문구
- celebrity 유명인사
- product endorsement 제품 추천

- concert 콘서트
- sports event 스포츠 행사
- sponsorship 스폰서십, 후원
- advertising campaign 광고 캠페인
- advertising agency 광고대행사
- promotional activity 판촉 활동
- free sample 무상 샘플
- free gift 무상 선물
- special offer/ discount/ discounted price 특가, 할인
- competition with prizes 경품행사
- point card/ loyalty card 적립카드
- cross-promotion 타제품과의 공동 판촉
- give out 배포하다
- issue 발행하다

EXERCISE

01 해당되는 의미를 찾아 이어보세요!

(1) retain   A 정가
(2) reputation   B 평판
(3) flyer   C 편안한
(4) list price   D 불량률
(5) price range   E 유지하다
(6) high-end   F 가격범위
(7) cost saving   G 고성능의
(8) shape   H 전단지
(9) comfortable   I 형태
(10) defect rate   J 비용 절감의

02 빈칸에 단어를 채워보세요!

> cost   brand image   like   leaflet   properly   TV commercial

(1) We will make a _____ starring a dead celebrity.
작고한 유명인사를 등장시키는 TV광고를 만들 겁니다.

(2) HBC has a strong and healthy _____ in Korea.
HBC는 한국에서 강력하고 건전한 브랜드 이미지를 가지고 있습니다.

(3) This wireless modem is not working _____.
이 무선 모뎀이 제대로 작동하지 않습니다.

(4) What's the service that they provide _____?
그들이 공급하는 서비스는 어때요?

(5) How much does this newly-launched model _____?
이 새롭게 출시된 모델은 얼마예요?

(6) Do you need 10 copies of the _____ printed by tomorrow?
내일까지 인쇄된 전단지 10부가 필요하세요?

Answer
01   (1) E   (2) B   (3) H   (4) A   (5) F   (6) G   (7) J   (8) I   (9) C   (10) D
02   (1) TV commercial   (2) brand image   (3) properly   (4) like   (5) cost   (6) leaflet

웃지마! 나 비즈영어책이야.

경쟁력 있는 제품 개발

Chapter 1 연구 및 개발

Chapter 2 제품혁신 및 지적 재산

CHAPTER 1
연구 및 개발

01 >>> 연구 및 개발

제품의 개발 과정

"제품을 개발하려면 **market research**시장조사부터 해야 할 것 아니야! 무작정 생각대로 만드냐? 이게 무슨 생각대로 하면 되고~야?" 우리 상무님 호통치시는 소리예요. ㅠㅠ 사실 상무님 말씀이 백 번 옳죠. 고객의 **feedback**의견을 받고 이를 충분히 반영해야 제대로 된 제품이 나오는 것 아니겠습니까?

창조적인 신제품을 위해서
고정 관념이 없는 자유로운 사고 속에서 참신한 아이디어가 나오므로 문화적, 제도적 뒷받침이 필수적입니다. 획일적이고 권위적인 조직보다는 결과보다 과정을 중요시하는 수평적이고 열린 문화를 지닌 조직에서 창조적인 신제품이 나옵니다.

제품에 대한 **concept**콘셉트이 나오면 **project team**프로젝트팀이 구성되고 본격적인 개발에 들어가겠죠. 이때 프로젝트를 총괄하는 사람을 **project manager**프로젝트 책임자라고 합니다.

제품을 개발할 때 가장 중요한 것은 **development schedule**개발 일정을 **set**확정하다하는 것입니다. 즉, 언제까지 개발을 **finish**완료하다하여 **mass production**양산을 하느냐 하는 **detailed plan**구체적인 계획을 세우는 것이죠. 이를 **project schedule**프로젝트 일정이라고 합니다.

아래가 바로 프로젝트의 시작에서 마무리까지 일련 과정입니다.

프로젝트의 시작인 계획 세우기 단계에서는 프로젝트의 **scope**범위과 **objective**목표를 정확하게 규명하고 **budget**예산을 확정해야 하죠.

아울러 중간중간에 프로젝트의 **milestone**주요 결과물이 나와야 하는 일정을 삽입하여 **progress**진척 상황를 점검해야 합니다. 주요 결과물이라 함은, 예를 들어 제품 **cosmetic design**외관 디자인의 완성, 소프트웨어 완성 등이라고 말할 수 있겠네요. 진척 상황을 체크하기 위해 **status report**상황 보고서를 정기적으로**on a regular basis** 작성하는 것도 좋은 방법입니다.

프로젝트의 **length**기간는 어떻게 정해야 할까요? 프로젝트 완료일이 계획했던 것보다 늦추어질 것 같으면 **behind schedule**일정에 뒤처지는이라고 하고, 계획보다 빠르면 **ahead of schedule**일정보다 빠른, 제대로 진행되면 **on schedule**일정대로이라고 하면 되겠습니다!

일정 얘기가 나왔으니 일정과 관련된 좀더 세련된 표현도 같이 잡아볼까요?

- **put a project back** 프로젝트를 뒤로 늦추다
- **put[bring] a project forward** 프로젝트를 앞당기다

그럼 다음으로 개발 기간을 표현하는 여러 가지 표현들을 공부해보겠습니다.

> **개발 기간**
>
> **It takes about 6 months to finish the project.**
> 프로젝트를 마치는 데 약 6개월이 걸립니다.
>
> **We are three months away from the product launch.**
> 제품 출시로부터 3개월 남았습니다.
>
> **We need at least four months to complete the project.**
> 프로젝트를 완료하는 데 적어도 네 달이 필요합니다.

time management 시간관리는 프로젝트를 성공적으로 마치는 데 가장 중요한 요소입니다. 언제나 미리 계획하고 일에서 **prioritize** 우선 순위를 정하다하여 **realistic plan** 현실적인 계획이 나올 수 있도록 노력하세요.

자, 일정이 나왔으면 **launch date** 출시일까지 신나게 달려야죠!

product launch 제품 출시는 바로 프로젝트 팀원들이 가장 고대하던 순간일 겁니다. 하지만 **defect** 결함가 발생하면 **recall** (결함제품의) 회수을 해야 하니 서두르지 마세요. 특히 소프트웨어는 **beta version** 테스트 버전으로 **bug** (프로그래밍 등의) 오류들을 완전히 잡아야 합니다!

업무에서 활용해보자!

1 개발 상황 보고

A: How's the project coming along?
프로젝트 어떻게 돼가요?

B: It's four weeks behind schedule.
원래 일정보다 4주 정도 늦어지고 있습니다.

2 개발 일정 (1)

A: I think we should put the project back by six weeks.
6주 정도 프로젝트 일정을 뒤로 미루어야 할 것 같습니다.

B: Why is that?
그건 왜요?

A: There is a delay in fixing the software.
소프트웨어를 수정하는 데 지연이 되어서요.

3 개발 일정 (2)

A: How long do you think it takes to finish the product development?
제품 개발을 마치는 데 얼마나 걸릴 것 같아요?

B: We need at least one year.
최소 1년이 필요합니다.

단어암기 노트

- market research 시장조사
- feedback 의견
- concept 콘셉트, 개념
- project team 프로젝트팀
- project manager 프로젝트 책임자
- development schedule 개발 일정
- set/ fix 확정하다
- finish 완료하다
- mass production 양산
- detailed plan 구체적인 계획
- project schedule 프로젝트 일정
- planning 계획 세우기
- initiation 시작
- execution 실행
- controlling 통제
- closing 끝내기
- scope 범위
- objective 목표
- budget 예산
- milestone 주요 결과물

- progress 진척 상황
- cosmetic design 외관 디자인
- status report 상황 보고서
- length 기간
- behind schedule 일정에 뒤쳐지는
- ahead of schedule 일정보다 빠른
- on schedule 일정대로
- put back 뒤로 늦추다
- put[bring] forward 앞당기다
- take + 시간 시간이 걸리다
- at least 적어도
- time management 시간관리
- prioritize 우선 순위를 정하다
- realistic plan 현실적인 계획
- launch date 출시일
- product launch 제품 출시
- defect/ fault 결함
- recall (결함제품의) 회수
- beta version 테스트 버전
- bug (프로그래밍 등의) 오류

02 >>> 연구 및 개발

제품혁신 및 지적재산

research center연구소에서는 R&D team연구개발팀의 팀원들이 제품의 design디자인, development개발, innovation혁신, invention발명 업무를 하며 새로운 breakthrough(귀중한)새발견를 찾는 데 여념이 없습니다. 이렇게 전념한 결과 나오는 우리나라의 cutting-edge technology첨단기술는 전세계로 뻗어나가 매우 유명하답니다!

연구소에서 하는 업무를 다시 한번 깔끔하게 정리해볼까요?

- **design a product**제품을 디자인하다
- **develop a product**제품을 개발하다
- **invent a product**제품을 발명하다
- **innovate a product**제품을 혁신하다

우리는 항상 **high-tech[high-end]**첨단기술[고성능] 제품을 만들지 쩨쩨하게 **low-tech[low-end]**수준 낮은 기술[저급] 제품을 만들진 말도록 해요. 수준이 있지 말이야~ 에헴. 하지만 기술의 발전 속도가 너무 빨라서 때로는 열심히 개발한 기술이 **obsolete**쇠퇴한 될 때도 있죠. ㅠㅠ

개인 또는 회사에 속해 있는 정보나 지식에는 **proprietary right**소유권 또는 **intellectual property right**지적재산권라고 부르는 권리가 있는 겁니다. 이러한 자산은 **patent**특허를 낼 수도 있고 재산에 속하는 것이므로 허가를 받지 않고 함부로 **copy**복사하다해선 안 됩니다. **copyright**저작권 위반에 걸리면 철창행! 좀 심했나? ^^

미투(me-too) 제품
1위 브랜드나 인기 브랜드, 경쟁 관계에 있는 브랜드를 모방해 그 브랜드의 인기에 편승해 자사 제품을 판매할 목적으로 만든 제품을 말합니다. 미투 제품은 유사상품, 유사제품, 베끼기상품이라고도 합니다.

이러한 자산을 사용하려면 자산 소유자에게 **royalty**특허권 사용료를 주어야만 하죠.

이런 단어들을 이용해서 영문 보도자료를 써볼까요?

지적재산권 표현

Neuro, a biopharmaceutical company, declared the receipt of a quarterly royalty payment from Herz Pharmaceuticals to the value of up to USD2.1m for sales of Nenamtine, which is used in the treatment of moderate-to-severe mad cow disease.

생명제약회사인 뉴로는 헤르츠 제약으로부터 네냄틴의 판매에 따른 미화 이백십만 달러 규모의 분기 특허권 사용료 수입을 발표했다. 네냄틴은 광우병 초기 환자 및 중환자의 치료에 사용되고 있다.

업무에서 활용해보자!

1 제품 혁신

A: Our sales are dropping. 매출이 떨어지고 있어요.
B: It's no wonder. As I told you, we should start innovating our service immediately.
당연하죠. 제가 얘기했던 것처럼 서비스를 즉각 혁신시켜야 해요.

2 지적재산권 침해

A: There are many me-too products these days.
요즘 유사제품들이 많아요.
B: You said it. There are several competitors that copy our product design exactly. 맞아요. 우리 제품 디자인을 똑같이 베끼는 몇몇 경쟁사들이 있어요.

단어암기 노트

- research center 연구소
- R&D team 연구개발팀
- design 디자인 v. design
- development 개발 v. develop
- innovation 혁신 v. innovate
- invention 발명 v. invent
- breakthrough (귀중한) 새발견
- cutting-edge technology/ state-of-the-art technology 첨단기술

- high-tech/ high-end 첨단기술, 고성능
- low-tech/ low-end 수준 낮은 기술, 저가
- obsolete 쇠퇴한
- proprietary right 소유권
- intellectual property right 지적재산권
- patent 특허
- copyright 저작권
- royalty/ license fee 특허권 사용료, 라이선스료
- me-too 흉내내는, 모방하는

EXERCISE

01 해당되는 의미를 찾아 이어보세요!

(1) budget — E 예산
(2) milestone — B 주요 결과물
(3) status report — H 상황 보고서
(4) behind schedule — A 일정보다 늦어지는
(5) cutting-edge technology — F 첨단기술
(6) copyright — G 저작권
(7) time management — J 시간관리
(8) invention — I 발명
(9) intellectual property right — C 지적재산권
(10) obsolete — D 쇠퇴한

02 빈칸에 단어를 채워보세요!

> fix   product launch   developing   status   ahead   innovate

(1) We should _____ our products. Otherwise, we will lose our market position.
제품을 혁신해야 합니다. 그렇지 않으면 우리의 시장 내 지위를 잃게 될 것입니다.

(2) They have been _____ various IT products.
그들은 다양한 IT 제품들을 개발해오고 있습니다.

(3) We are two months away from the _____.
제품 출시로부터 두 달 남았습니다.

(4) I'm glad that our project is 2 weeks _____ of schedule.
저희 프로젝트가 일정보다 두 주 앞서가고 있어서 기쁩니다.

(5) Please create a weekly _____ report for your project.
당신 프로젝트의 주간 상황 보고서를 작성하세요.

(6) We need to _____ the development schedule as early as possible.
개발 일정을 가능한 한 빨리 확정할 필요가 있습니다.

Answer
01 (1) E (2) B (3) H (4) A (5) F (6) G (7) J (8) I (9) C (10) D
02 (1) innovate (2) developing (3) product launch (4) ahead (5) status (6) fix

CHAPTER 2
제조하기

>>> 제조하기

생산하기 및 품질관리

제품 개발이 끝났으면 **factory**공장에서 본격적으로 양산에 들어갈 채비를 해야겠죠?

양산에 들어가는 것에도 제품 개발에서 하는 것만큼 챙겨야 할 것들이 많습니다. 우선, **outsourcing**외주을 주었던 **raw material**원자재, **component**부품들이 **supplier**공급업체들로부터 제대로 들어왔나를 확인해야 합니다. 물론 **in-house**회사 내에서로 제조되는 경우에는 그럴 필요가 없겠지만서도 말이에요. 또 **assembly line**생산라인에서 만들어낼 수 있는 **capacity**생산 능력가 얼마 정도인지도 확인을 해놓아야 나중에 **take an order**주문을 받다할 때 **lead time**납기을 예상할 수 있답니다.

그럼 잠깐 공장의 생산과 관련된 어휘 낚시질 좀 해봅시다~!

- **output**생산고 : 공장이 생산하는 제품의 양
- **productivity**생산성 : 종업원당 생산량

- **capacity**생산 능력 : 공장이 생산할 수 있는 최대의 양
- **shortage**부족량 : 계획된 양만큼 생산되지 않을 경우
- **overproduction**과잉 생산 : 필요 이상으로 생산을 한 경우

제품을 필요 이상으로 많이 생산한 경우 **stock**재고으로 **warehouse**창고에 쌓아두어야 하는데, 이렇게 되면 **store**저장하다하는 데 비용이 듭니다. 회사로선 여간 손해가 아닐 수 없습니다.

그래서 등장한 것이 **just-in-time**저스트 인 타임으로 재고비용을 최소화하기 위해 필요할 때 필요한 양만큼만 생산하는 방식입니다.

품질 개선의 효과

1. 재작업 비용 감소
2. 상품 보증 비용 감소
3. 반품 비용 감소
4. 제조 원가 감소
5. 서비스 비용 감소
6. 수익성 증대

마지막으로 주의할 것은 **line worker**생산직원들을 잘 **training**훈련시켜서 **defective product**불량제품가 나오지 않도록 하는 것입니다. '품질은 생명이다' 라는 말을 들어보셨나요? 삼성전기 공장을 지나가는데 이 말이 쓰여 있어서 인상 깊더라고요. 회사마다 **quality control**품질관리이라고 해서 품질을 관리하는 시스템을 갖추고 있죠. 품질관리의 기본 목적은 제품의 **specific requirement**특정 요구 조건를 충족시키는지 아닌지 **examination**검사하는 것입니다. 만일 검사 과정에서 문제가 발생하면 생산을 **temporarily**일시적으로 중단하고 **spot check**현장 검사를 실시합니다. 이미 생산된 제품에 대해서는 나중에 **rework**재작업를 실시합니다.

product quality품질를 유지하는 데 가장 중요한 것은 뭐니뭐니해도 직원들을 잘 훈련시키는 것입니다. 기계도 사람이 만지는 것이니까요. 직원들이 **adequate skill**충분한 기술을 배양하도록 해 품질이 **diminish**떨어지다하지 않게 주의하세요~

업무에서 활용해보자!

1 양산 돌입

A: Are you planning to mass-produce the car?
그 차를 양산할 계획이에요?

B: Of course. The assembly lines are being set up now in Italy.
물론이죠. 이탈리아에서 생산라인이 세워지고 있어요.

2 생산량 확인

A: Is this model in stock?
이 모델 재고 있어요?

B: No, it's out of stock now. Considering our daily production capacity, we can produce your order within two days.
아니요, 당장은 없어요. 저희 일일 생산량을 감안하면 이틀 내에 주문량을 맞출 수 있습니다.

3 불량제품

A: K-mart is complaining about our product quality.
K마트가 우리 제품 품질에 대해서 불평하더라고요.

B: Why?
왜요?

A: The product defect rate is more than 5 percent. They regard it as unacceptable.
불량률이 5%가 넘거든요. 못 받아들이겠대요.

B: I think we should rework the defective products by dispatching our engineers.
엔지니어들을 보내서 불량제품들을 재작업해야 할 것 같은데요.

4 생산 직원 교육

A: Did you train the line workers on how to inspect the product?
제품 검사하는 방법에 대해서 생산라인 직원들을 교육시키셨어요?

B: Oh, yeah. I also distributed the inspection manuals to them.
아, 네. 검사 교본도 배부했는데요.

단어암기 노트

- factory/ plant 공장
- outsourcing/ subcontracting 외주(자체 인력·설비·부품 등을 이용해 하던 일을 비용 절감과 효율성 증대를 목적으로 외부 용역이나 부품으로 대체하는 것)
- raw material 원자재
- component/ part 부품
- supplier/ vendor 공급업체
- in-house 회사 내에서
- assembly line/ production line 생산라인
- capacity (공장 등의 최대) 생산 능력
- take an order 주문을 받다
- lead time 납기(기획에서 제품화까지의 소요 시간; 발주에서 배달까지의 시간; 기획에서 실시까지의 준비 기간)
- output 생산고
- productivity 생산성
- shortage 부족량
- overproduction 과잉 생산
- stock/ inventory 재고

- warehouse 창고
- store 저장하다
- just-in-time 저스트 인 타임(재고 비용을 최소화하기 위해 입하된 재료를 곧바로 제품의 생산에 투입하는 상품 관리 방식)
- line worker 생산직원
- training 훈련
- defective product 불량제품
- quality control/ quality management 품질관리
- specific requirement/ specification 특정 요구 조건
- examination 검사
- temporarily 일시적으로
- spot check 현장 검사, 무작위 추출 검사
- rework 재작업
- product quality 품질
- adequate skill 충분한 기술
- diminish 떨어지다

EXERCISE

01 해당되는 의미를 찾아 이어보세요!

(1) factory	• •	A 납기
(2) raw material	• •	B 원자재
(3) assembly line	• •	C 현장 검사
(4) lead time	• •	D 생산 능력
(5) productivity	• •	E 생산라인
(6) capacity	• •	F 생산성
(7) stock	• •	G 품질관리
(8) quality control	• •	H 공장
(9) spot check	• •	I 재작업
(10) rework	• •	J 재고

02 빈칸에 단어를 채워보세요!

> requirements   line workers   lead times   product quality   adequate skills   outsource

(1) Please check if the product meets our specific _____.
제품이 우리의 특정 요구 조건을 충족시키는지 확인해주세요.

(2) Our main priority at the moment is _____.
지금 우리의 최우선순위는 품질입니다.

(3) This will provide them with the _____ to perform their jobs.
이것이 그들에게 일을 수행할 충분한 기술을 제공할 것입니다.

(4) How many _____ do you have in your factory?
공장에 생산직원이 몇 명이나 되요?

(5) We believe that we should _____ the component.
그 부품은 외주를 주어야 한다고 생각합니다.

(6) We should increase our productivity to shorten _____.
납기를 줄이려면 생산성을 높여야 합니다.

Answer

01 (1) H (2) B (3) E (4) A (5) F (6) D (7) J (8) G (9) C (10) I
02 (1) requirements (2) product quality (3) adequate skills (4) line workers (5) outsource (6) lead times

웃지마! 나 비즈영어책이야.

적을 알고 나를 알아야 하는 협상

Chapter 1 협상 준비

Chapter 2 협상 돌입

Chapter 3 협상 마무리

CHAPTER 1
협상 준비

01 >>> 협상 준비

성공적인 협상을 위한 준비

이제부터 협상에 대한 모든 것을 알아보겠습니다! 먼저 협상이란 뭘까요? 간단히 말해서 **negotiation**협상이란 자신이 원하는 것을 얻기 위해 벌이는 일련의 과정이라고 할 수 있습니다. 원하는 것을 얻는다, 말은 쉽지만 참으로 어려운 일이죠. 하지만 사전에 체계적systematic인 준비preparation를 한다면 여러분이 원하는 것을 얻을 확률은 높아집니다.

그럼 협상은 어떻게 준비해야 할까요? 다음의 단계를 차례대로 거치면 됩니다.

1. 협상의 **objective**목적, 즉 자신이 협상에서 얻고자 하는 것을 결정하라.
2. 목적에 맞는 **strategy**전략와 **agenda**안건를 준비하라.
3. 팀 내에서의 **role**역할과 **responsibility**책임를 나누라.
4. 상대방에게 **date**날짜, **location**장소, **time**시간을 통보하라.

signature

사인을 도장 대신 사용하는 회사에서는 authorized signature라고 해서 승인 권한이 있는 관리직의 사인만을 모은 signature book이라는 것을 준비해 사인이 위조되어 있는지의 여부를 철저히 점검하기도 합니다.

협상 준비에 대한 대화문을 통해 분위기 좀 파악해볼까요?

협상 돌입

A I have a contract negotiation coming up with one of our suppliers.
공급업체와 계약 협상이 있어요.

B What's the negotiation about?
무엇에 관한 협상인데요?

A They want to renegotiate the contract we initially signed with them.
처음에 우리가 사인한 계약을 재협상하자고 하는데요.

B What kind of deal are they looking for?
어떤 계약을 원하는 거죠?

A They sent an e-mail to me last week. According to it, they will only extend their contract with us if we agree to pay them a higher license fee.
그쪽에서 지난 주에 메일을 보냈는데요. 거기에 따르면 우리가 더 높은 라이선스료를 내는 데 동의하면 우리와 계약을 연장하겠다는데요.

B Did they specify how much?
얼마라고 구체적으로 밝혔나요?

A Nope. So the agenda of the negotiation will include bargaining on the new fee.
아니요. 그래서 협상 안건에 새로운 라이선스료 협상이 포함될 거예요.

아주 수준 높은 대화문이라서 놀라셨나요?
열심히 공부하면 문제 없답니다.

협상은 대부분 **contract negotiation**
계약 협상이라고 할 수 있죠. 한 계약에 관련해서 구체적으로 **payment term** 대금 지불 조건, **order quantity** 주문 수량, **delivery term** 운송 조건, **credit** 신용 조건, **exclusivity** 독점 여부, **license** 라이선스, **warranty** 품질보증, **quality control** 품질관리, **penalty** 계약 위반 시 제재사항 등에 관한 사항을 협상하게 되는 것입니다. 그런 건 변호사나 하는 것 아니냐고 반문하는 소리가 들리는 것 같은데요. 회사 사정을 모르는 변호사에게 우리가 구체적인 사항을 알려주어

야 변호사들도 계약에 관한 의견을 줄 수 있으니까 협상 내용을 잘 설명할 수 있어야 하는 겁니다.

대화문에 나온 deal과 bargaining은 기본적으로 negotiate와 동일한 의미입니다. 그러니까 둘 다 협상을 의미하는 것이지요.

extend_{연장하다}는 계약 기간을 연장할 때 쓰는 아주 유용한 동사입니다. 연장된 계약 기간을 반영하여 계약서를 다시 작성할 때는 **renew**_{갱신하다}한다고 합니다.

계약 관련 표현

- renew 갱신하다
- terminate/ cancel 해지하다
- amendment 개정
- condition subsequent 계약 해제 조항
- modification 수정
- rescission 쌍방의 합의에 의한 계약 해제
- cooling-off period 쿨링오프 기간, 매수자가 계약을 일방적으로 해약할 수 있는 기간

협상이란 기본적으로 **win-win settlement**_{양자에게 모두 득이 되는 해결책}으로 귀결되어야 하죠. 너무 자신의 주장만을 내세우면 오히려 관계만 악화되고 원하는 것을 못 얻는 경우가 많거든요. **give and take**_{주고받다}하는 자세가 필요합니다.

업무에서 활용해보자!

1 협상 역할 나누기

A: Okay, guys. We are here to prepare for the negotiation with KB. Alex, you will be responsible for making the tea. Robert, I want you to take care of the legal issues. Dan, could you play the role of tough negotiator? Am I understood?
자, 여러분. 우리는 KB와의 협상을 준비하려고 모였습니다. 알렉스는 차를 담당해주세요. 로버트는 법률상 논점을 맡아주세요. 댄은 상대방의 말을 잘 들어주지 않는 역할을 맡아주시고요. 무슨 말인지 다들 아시겠죠?

All: Okay.
알겠습니다.

2 협상의 목적

A: What do you think they will ask for in the negotiation?
그들이 협상에서 뭘 요청할 것 같아요?

B: They will probably ask us to change the payment terms.
아마도 우리더러 대금 지불 조건을 바꿔달라고 할 것 같은데요.

단어암기 노트

- objective 목적
- strategy 전략
- agenda 안건
- role 역할
- responsibility 책임
- date 날짜
- location 장소
- time 시간
- specify 구체화하다
- bargain 협상하다
- contract negotiation 계약 협상
- payment term 대금 지불 조건
- order quantity 주문 수량
- delivery term/ incoterm 운송 조건
- credit 신용 조건
- exclusivity 독점 여부
- license 라이선스
- warranty/ guarantee 품질보증
- quality control 품질관리
- penalty 계약 위반 시 제재사항
- extend 연장하다
- renew 갱신하다
- win-win settlement 양자에게 득이 되는 해결책
- give and take 주고받다

>>> 협상 준비

유쾌한 분위기 조성하기

"전 외국 협상가들만 만나면 막 떨려요…… 후덜덜." 이렇게 고민을 호소하는 후배 사원들이 많습니다. 하지만 이렇게 외쳐보세요. "그 사람들하고 연애할 일 있나? 떨긴 왜 떨어!" ㅋㅋㅋ 긴장은 풀고 협상장에서 처음 만나면 무엇부터 해야 하는지 차근차근 단계를 밟아나가보자고요.

일단 인사부터 해야겠죠. 처음에는 이런 식으로 풀어가면 됩니다.

시작 전 인사

A **Nice[Pleased] to meet you.**
만나서 반가워요.

B **It's good to see you again.**
다시 만나니 반가워요.

A **On behalf of Toshiba, I'm glad to welcome you to our company.**
도시바를 대표해서 회사에 오신 여러분을 환영합니다.

B **We're delighted to be here.**
저희도 기쁩니다.

그 다음에는 회의에서처럼 자신과 팀원을 소개하는 시간이죠. 마음에 드는 것으로 골라 쓰세요.

> **소개하기**
>
> **I'm Michael Phelps./ My name is Michael Phelps.**
> 마이클 펠프스입니다.
>
> **Please call me Michael.**
> 마이클이라고 불러주세요
>
> **I'm in charge of international sales.**
> 해외영업을 맡고 있습니다.
>
> ---
>
> **Have you met Cindy Crawford?**
> 신디 크로포드를 만난 적 있나요?
>
> **Let me introduce you to Cindy Crawford.**
> 신디 크로포드를 소개하겠습니다
>
> **She looks after international sales.**
> 그녀는 해외영업을 담당하고 있습니다
>
> **She is our international sales manager.**
> 그녀는 해외영업 부장입니다

자, 어때요? 어렵다고만 생각했던 협상도 시작하는 건 어렵지 않죠? 서로 소개를 하고 나면 분위기가 조금 무르익겠죠. 그래도 바로 협상으로 가는 것이 아니라 간단한 신변잡기를 얘기함으로써 분위기를 좀더 화기애애하게 만듭니다.

rapport조화된 관계로 시작하기 위해 나눌 수 있는 **small talk**가벼운 대화는 많습니다. 비행, 숙소, 한국에 대한 인상, 날씨 등 다양한 주제로 말을 걸어서 이야기를 풀어나가세요. 여기에다가 덧붙여서 "Would you like[care for] some

coffee[tea]커피(차) 한 잔 하실래요?"라고 상대방에게 drink음료수를 권해보세요. 분위기가 훨씬 따뜻해질 겁니다.

그럼 이제 뭘 해야 하죠? 커피 마신다고요?;;; 우쥬우~ 플리즈~ 닥~쳐~줄~래~? 본격적으로 협상 개시!

가벼운 대화 표현

- 비행(여행)

  How was your flight? 비행 어땠습니까?
  How long did it take to get here from the UK?
  영국에서 여기까지 오시는 데 얼마나 걸리셨어요?
  How do you feel? 기분 좀 어떠세요?

- 숙소

  How was your sleep? 잠 잘 주무셨어요?
  How do you like the hotel? 호텔은 어떠세요?

- 방문

  Is this your first visit to Korea? 한국은 처음이세요?
  What's your first impression of Korea? 한국의 첫인상이 어때요?

- 날씨

  It's getting warmer and warmer. 점점 따뜻해지네요.
  It's getting colder and colder. 점점 추워지네요.
  It's been great today. 오늘 날씨가 아주 좋네요.
  What's the weather like in LA? LA는 날씨가 어때요?

업무에서 활용해보자!

1 소개하기

Let me introduce you to Greg Norman. He's in charge of overseas marketing. He has more than 12 years of experience in this field.
여러분께 그레그 노먼을 소개해 드립니다. 해외마케팅을 담당하고 있습니다. 이 분야에서 12년이 넘는 경력을 가지고 있습니다.

2 가벼운 대화 (1)

A: How was your flight?
비행 어땠어요?

B: Well, I slept all the way here. So I feel good.
여기 오는 내내 잤어요. 그래서 그런지 기분이 아주 좋습니다.

3 가벼운 대화 (2)

A: How was your sleep last night?
지난 밤에 잘 주무셨습니까?

B: I couldn't sleep well because of jet lag.
시차 때문에 못 잤어요.

단어암기 노트

□ **on behalf of** ~를 대표해서

□ **delighted** 기쁜

□ **look after** 담당하다

□ **rapport** 조화된 관계

□ **small talk** 가벼운 대화

□ **drink** 음료수

□ **jet lag** 시차

EXERCISE

01 해당되는 의미를 찾아 이어보세요!

(1) extend · · A 대금 지불 조건
(2) bargaining · · B 협상
(3) delivery term · · C 계약 협상
(4) payment term · · D 주고받다
(5) renew · · E 연장하다
(6) small talk · · F 갱신하다
(7) jet leg · · G 가벼운 대화
(8) on behalf of · · H 운송 조건
(9) contract negotiation · · I ~을 대표해서
(10) give and take · · J 시차

02 빈칸에 단어를 채워보세요!

> How   role   looks   care   call

(1) Would you _____ for some tea?
차 한잔 하시겠습니까?

(2) _____ do you like the hotel?
호텔은 마음에 드세요?

(3) Mr. Cha _____ after this project.
미스터 차가 이 프로젝트를 담당하고 있습니다.

(4) What's your _____ in the task force team?
프로젝트팀에서 당신의 역할이 뭐예요?

(5) Please _____ me Bob.
밥이라고 불러 주세요.

Answer
01 (1) E (2) B (3) H (4) A (5) F (6) G (7) J (8) I (9) C (10) D
02 (1) care (2) How (3) looks (4) role (5) call

CHAPTER 2
협상 돌입

01 >>> 협상 돌입

협상 시작하기

이 정도면 협상장 분위기는 잘 달구어졌습니다. 이제 본격적인 전쟁에 들어가볼까요? 가벼운 대화에서 무거운 대화 즉, 협상 주제로 분위기를 바꾸고 싶을 때는 이렇게 말하세요.

주제 변환

Well, perhaps we should begin.
자, 이제 시작하는 게 어떨까 합니다만.

We've got a very full agenda, so let's get down to business.
안건이 많은데 이제 시작하죠.

다음으로 진행 procedure절차와 협상 안건을 상대방과 share공유하다 합니다. 이 모든 절차는 host company주최 회사에서 맡아서 진행합니다. 그럼 진행 절차에 대해서 알려주어야겠죠.

진행 절차

To begin, we should first agree on a procedure for the negotiation.
시작하기에 앞서 우선 협상 절차에 대해 동의를 구하고자 합니다.

We could begin by outlining our position, I think.
저희의 입장을 간단하게 말씀드림으로써 시작할까 합니다.

After that, we should hear your presentation.
그런 후에 귀사의 발표를 듣는 것이 좋겠습니다.

And then we'll have a question and answer session.
그리고 나서 질의응답 시간을 갖도록 하겠습니다.

전반적인 절차에 대해서 설명을 했으면 이제는 협상의 목적을 밝혀야 하죠. 처음에 확실하게 목적을 밝혀두지 않으면 협상 중간에 딴소리하는 사람들이 종종 등장하거든요. 가격에 대해 협상하는데 품질 얘기를 꺼내는 사람이 생기고 그러면 회의가 마냥 늘어지겠죠. 아래의 딱 두 표현만 기억해두고 활용하세요!

협상 목적

The purpose of the meeting is to determine the price.
회의의 목적은 가격을 결정하는 것입니다.

We're here today to discuss the warranty period of the Song Phone.
우리는 오늘 '송폰'의 품질보증 기간을 논의하려고 여기에 모였습니다.

이제는 안건을 소개할 차례! 협상을 할 때는 안건에 관한 여러 가지 제반사항을 논의하게 되죠. agenda는 협상 안건을 총칭하는 것이고 그 안에 있는 각각의 논의사항은 agenda item이라고 부릅니다. 자, 구체적으로 협상할 내용들에는 무엇이 있는지 참석자들에게 한번 짚어주면서 주의를 환기시킬까요?

안건 소개

Let's just run through the agenda.
안건을 훑어보겠습니다.

We have two items on the agenda.
안건에 관해 두 가지 논의사항이 있습니다.

협상 시간에 대해서 물어보는 사람들도 많습니다. 협상을 유리한 방향으로 이끌고 가려면 가능한 한 협상 시간이 길어질 것 같다고 얘기해주세요. 이 말을 들은 상대방은 심리적으로 먼저 지치게 되어 있습니다. 그렇게 되면 협상 중에 싸우기 싫어서 여러분이 원하는 것을 쉽게 받아들여주게 되거든요. 협상도 심리전이란 사실! 잊지 마세요.

협상 시간

It will take three hours.
세 시간 걸릴 겁니다.

It won't take long.
오래 안 걸릴 거예요.

I need to be back by 6 o'clock.
6시까지는 돌아가봐야 합니다.

비즈니스에서 가장 중요한 것은 서로를 존중하는 것입니다. 협상에서는 더욱 중요한 사항입니다. 통보하듯 말하지 말고 항상 말을 끝내고 나서 상대방의 의견을 확인하도록 하세요. 그래야 상호 신뢰가 형성됩니다.

상대방 반응 체크

Is that okay?
괜찮겠어요?

How does that sound?
어때요?

Would you agree?
동의하세요?

협상을 본격적으로 시작하기 전에 마지막으로 할 일은? 그렇죠! 다른 의견이나 추가할 내용이 있는지 없는지를 확인하는 일이 남았습니다. 협상의 절차, 목적, 시간 등이 이미 정해졌으므로 협상을 본격적으로 시작해도 되지만 모든 사람들이 동의했는지 또는 다른 반대 의견은 없는지를 마지막으로 확인할 기회인 것입니다.

> **질문받기**

Any questions at this point?
이 시점에서 질문 있으신가요?

Would you like to add something?
뭔가 덧붙이고 싶은 것 있으세요?

Just interrupt if anything is unclear.
모호한 것이 있으면 언제든지 말씀하세요.

We'll take questions at the end, if that's OK with you.
괜찮으시다면 끝날 때 질문을 받을까 합니다.

Do you have any comments on that?
그것에 대해 말씀하실 것 있으세요?

협상에 쓰는 동사들 표현

- **take minutes** 회의록을 작성하다
  Mr. Han, could you please take the minutes?
  미스터 한이 회의록을 작성해주실래요?

- **take a break** 휴식하다
  We will take a ten-minute break at 3 p.m.
  3시에 10분 동안 쉬겠습니다.

- **outline** 간단하게 설명하다
  Let's start by outlining each party's position.
  양사의 입장을 간단하게 설명하면서 시작하죠.

- **concentrate on** 집중하다
  I'd like to concentrate on the first agenda item now.
  지금은 첫 번째 논의사항에 집중하고 싶습니다.

- **aim** 목표로 하다
  We aim to cover the order quantity under item 2.
  두 번째 논의사항에서 주문 수량을 다룰 것입니다.

- **handle** 다루다
  There are three items to handle.
  다뤄야 할 논의사항에는 세 가지가 있습니다.

- **draw up** 작성하다
  We have drawn up the contract.
  계약서를 작성했습니다.

업무에서 활용해보자!

1. 협상 시작하기 (1)

Today we are here to negotiate the contract. We have two items on the agenda. One is about the warranty period and the other one is about the pricing of the Print-Plus 2. It will take about two hours to cover the items. Is that okay?

우리는 오늘 계약서 협상 건으로 여기 모였습니다. 안건과 관련해 두 개의 논의사항이 있습니다. 하나는 품질보증 기간이고 다른 하나는 프린트 플러스2의 가격책정입니다. 모두 논의하는 데 약 두 시간이 걸릴 겁니다. 괜찮습니까?

2. 협상 시작하기 (2)

The purpose of the meeting is to determine the license fee. It won't take long since we've discussed this issue in detail many times. Are there any questions at this point?

회의 목적은 라이선스료를 정하는 것입니다. 수차례 그 건을 세부적으로 논의했기 때문에 오래 걸리진 않을 겁니다. 이 시점에서 질문 있나요?

단어암기 노트

- get down to business (일 등을 바로) 시작하다
- procedure 절차
- share 공유하다
- host company 주최 회사
- run through 훑어보다
- interrupt 끼어들다
- take minutes 회의록을 작성하다
- take a break 휴식하다
- outline 간단하게 설명하다
- concentrate 집중하다
- aim 목표로 하다
- handle 다루다
- draw up 작성하다

02 >>> 협상 돌입

각자의 입장 밝히기

자신의 입장을 밝힐 때는 너무 서두르지 마세요. 즉, 곧바로 자신이 양보할 수 있는 마지노선을 말하지 말란 말이지요. 그건 꼭꼭 숨겨두었다가 나중에 히든 카드로 써먹는 거예요. 그리고 자신의 입장을 밝힐 땐 아래의 표현들을 잘 익혀두었다가 활용하시라고요.

입장 표명

We're looking for a mutually beneficial agreement.
저희는 서로 간에 이익이 되는 계약을 추구합니다.

Basically, we're interested in your new line of sports shoes.
기본적으로 저희는 귀사의 신규 스포츠화 라인에 관심이 있습니다.

I should stress that all essential terms of the contract must be certain.
계약서의 중요한 조건들은 명확히 해야 한다고 강조하고 싶습니다.

The warranty period is extremely important for us.
품질보증 기간이 우리에겐 매우 중요합니다.

The product development schedule is a less important /lower priority at the moment.
제품 개발 일정은 현재 중요도가 떨어집니다.

이제 자신의 입장을 밝혔고 상대방의 입장도 들었다면 서로 간의 입장을 다시 한번 정리하고 명확하게 이해하여 혼선을 방지하는 것이 좋은 흐름으로 가는 방법입니다. 상대방의 입장을 보다 확실하게 파악하는 제일 좋은 방법은 질문하는 거예요. 자, 그러면 질문과 답변의 메커니즘을 공부하자고요.

이해 질문과 답변

A   **Can I ask you a question?** 질문해도 될까요?

B   **Of course/ Go ahead/ Certainly/ Please do.** 물론이죠.

A   **Sorry, but I didn't understand. What exactly do you mean by our competitor?**
죄송하지만 이해를 못했는데요. 우리의 경쟁자가 정확히 뭘 의미하죠?

B   **When I said our competitor, I meant LG Eletronics.**
우리의 경쟁자라고 말했던 것은 LG전자를 의미합니다.

A   **As I understand it, you would like to prolong the warranty period. Is that right?**
제가 이해한 바대로라면 당신은 품질보증 기간을 연장하고자 하는군요. 맞나요?

B   **Exactly./ Yes, it is./ Right.**
바로 그겁니다./ 네, 맞습니다./ 맞습니다.

B'   **Not exactly, what I was saying was that we should broader our warranty.**
아니요, 제가 말했던 것은 품질보증의 범위를 넓히자는 것입니다.

A   **Could you say a little bit more about your payment plan?**
대금 지불 조건에 대해서 좀더 자세히 얘기해주실래요?

B   **Sure.** 그럼요.

A   **Is the battery life your main consideration?**
배터리 수명이 당신의 주요 고려사항입니까?

B   **Yes, it is our major priority.**
네, 그것이 저희의 제1순위입니다.

B'   **No, it is a secondary issue.**
아니요, 그건 2순위입니다.

B''   **It's difficult to say at this moment./ It's not something we ignore.**
지금 당장 말씀 드리기는 어렵네요./ 간과해서는 안 될 것이죠.

어조를 분명하게 하는 표현

- **furthermore/ in addition** 추가

  Furthermore, we see that this is the biggest challenge the industry faces.
  더군다나 저희는 이것이 업계가 직면하고 있는 가장 큰 과제라고 보고 있습니다.

- **mainly/ especially** 강조

  Especially, we see ongoing opportunities to grow our company.
  특히 저희는 회사를 성장시킬 현존하는 기회를 찾고 있습니다.

- **nevertheless/ however** 대조

  Nevertheless, we keep continuous business relationship with you.
  그럼에도 불구하고 우리는 귀사와 지속적인 사업 관계를 유지하고 있습니다.

- **as a result/ therefore** 인과

  As a result, we've suffered from higher production costs.
  그 결과 저희는 높은 생산비용으로 어려움을 겪고 있습니다.

업무에서 활용해보자!

1 강조

Basically, we're interested in partnering with your company. We'd especially like to buy your newly-developed CPU.
기본적으로 귀사와 파트너십을 형성하는 데 관심이 있습니다. 특히 새로 개발된 CPU를 구매하고 싶습니다.

2 인과

This issue occurred as a result of our poor marketing strategy.
이 논점은 저희의 형편 없는 마케팅 전략으로 인해 발생했습니다.

3 추가

I should stress that the warranty period is too short. In addition, the warranty coverage should be adjusted.
품질보증 기간이 너무 짧다는 점을 강조하고 싶습니다. 게다가 품질보증 범위도 조정이 되어야 할 듯합니다.

단어암기 노트

- □ mutually 서로 간에
- □ beneficial 이익이 되는
- □ consideration 고려사항
- □ priority 1순위
- □ secondary 2순위; 2순위의
- □ ignore 간과하다

- □ furthermore/ in addition 더구나
- □ mainly 주로
- □ especially 특히
- □ nevertheless/ however 그렇지만
- □ as a result/ therefore 그 결과
- □ ongoing 전진하는, 진행 중의

03 >>> 협상 돌입

협상하기

상대방이 원하는 것이 무엇인지를 알았으면 본격적인 협상 라운드로 들어가야겠죠. 협상, 즉 자신이 원하는 것을 얻는 것은 매우 힘든 일이니 이것을 잘 풀어나가기 위해서는 여러 가지 기술이 필요합니다. 이건 서로 간의 줄다리기tug of war 정도가 아니라 전쟁이라고 말할 정도죠!

영어로 협상을 잘하기 위해서는 단어vocabulary보다는 표현expression 중심으로 공부하는 것이 좋습니다. 그러면 우선 상대방에게 원하는 바를 **suggest** 제안하다하는 연습부터 할까요?

제안하기

We suggest[propose] we also sell this product in Japan.
일본에서도 이 제품을 판매할 것을 제안합니다.

Our proposal is that we establish a marketing office.
우리의 제안은 마케팅 사무소를 설립하자는 것입니다.

We could offer you a 10 percent discount.
저희는 10%를 할인해 드릴 수 있습니다.

제안에 동의할 때는 아래와 같은 표현으로 응하면 됩니다.

> **제안 받아들이기**
>
> **That sounds fine.**
> 그거 괜찮네요.
>
> **OK. We can agree to that.**
> 좋아요. 동의 가능합니다.
>
> **That's acceptable.**
> 받아들일 만합니다.
>
> **I think we could go along with that.**
> 그 정도는 받아들일 만합니다.

협상에서 중요한 것 중 하나는 100% 동의나 100% 반대를 해서는 안 된다는 것입니다. 100% 동의는 나중에 말바꾸기가 힘들게 되고, 100% 반대는 상대방과 대화 단절을 일으키니까요. **with a condition** 조건을 달아해서 동의하고 싶다면 아래와 같이 말하세요.

> **조건 달아 동의하기**
>
> **If you cut the price down by 10 percent, then we have a deal.**
> 당신이 가격을 10%까지 내린다면 계약 성사입니다.
>
> **That's acceptable if you can increase our market share by 10 percent.**
> 우리의 시장점유율을 10%까지 올릴 수 있다면 받아들일 수 있습니다.
>
> **That's acceptable as long as you promise the product quality.**
> 제품의 품질을 보장한다면 받아들이겠습니다.
>
> **That's fine on condition that you guarantee to refund my money.**
> 돈을 환불해주는 조건이라면 받아들이겠습니다.

이래저래 받아들일 수가 없는 경우는 어떻게 하냐고요? 맘대로 받아들였다가 나중에 부장님한테 깨질까봐 겁나시나요? ㅋㅋ 제안을 받아들일 수 없는 경우, 혹은 **decision-making authority** 의사 결정 권한가 없어 나중에 통보해야

할 경우는 이렇게 말하면 됩니다.

> **not+동사원형으로!**
> 제안을 거부해야 할 경우에도 직접적으로 부정의 뜻을 갖는 동사를 사용하면 거부감이 심하게 듭니다. 따라서 disagree, dislike 같은 동사를 쓰기보다는 don't agree, don't like 같은 표현으로 문장을 만드는 것이 좋습니다.

제안 거절하기와 유보하기

I'm afraid we can't accept that.
유감스럽지만 받아들이기 좀 그렇네요.

We can't agree to this.
이건 동의할 수가 없어요.

That's not possible(acceptable).
불가능해요[받아들일 수 없어요].

That's out of the question. Sorry.
불가능해요. 미안합니다.

I'm afraid I don't have the authority to give approval on that.
미안하지만 그것을 승인할 권한이 없어요.

I would refer back on that.
그것에 대해 다시 알아보겠습니다.

그런데 상대방의 제안에 대놓고 부정을 하게 되면 상대방의 기분이 나쁠 수 있습니다. 그럴 땐 좋다, 싫다 말하지 말고 **counter-proposal**역제안하는 겁니다. 이렇게 말이에요.

역제안하기

How about if we borrow the testing system?
그 테스트 장비를 빌리면 어떨까요?

How about a TV commercial?
TV광고는 어때요?

Our preferred scenario would be to buy the company.
우리가 선호하는 시나리오는 그 회사를 매수하는 것입니다.

Could we offer an alternative proposal?
대안책을 제시해도 될까요?

마지막으로 한 가지만 더 해보죠. 서로 이야기를 주고받다 보면 본래 입장을 망각하여 서로 다른 얘기를 하면서 **a waste of time**시간낭비을 하는 경우가 많죠? 상대방이 딴 얘기를 하고 있으면 다시 한번 자신의 입장을 확인시켜주어 다시 올바른 궤도로 **get back on track**본론으로 돌아가다하게 해야 합니다.

> **off track**
> get back on track은 '본론으로 돌아가다'라는 뜻. off track은 반대로 '이야기가 옆으로 새다'라는 뜻

본 화제로 돌아가기

Perhaps I should clarify our basic position.
우리의 입장을 다시 한번 명확하게 해야 할 것 같군요.

Let me reiterate our objective here.
여기서 저희의 목적을 다시 언급해 드리겠습니다.

업무에서 활용해보자!

1 제안하기와 거절하기

A: We propose that the cookies should be packaged in our branded wrappings.
과자를 우리 상표가 찍혀 있는 포장지에 포장할 것을 제안합니다.

B: I'm afraid we can't accept that.
죄송하지만 받아들일 수 없네요.

2 조건을 달아 수락하기

A: Our proposal is to lower the price to $25.
저희의 제안은 가격을 25달러로 낮추는 것입니다.

B: If you increase your order quantity, then we have a deal.
주문 수량을 늘리시면 계약 성사입니다.

3 본 화제로 돌아가기

A: Let me reiterate, if you guarantee the minimum order quantity, the discount is higher.
다시 말씀 드리면 최소 주문 수량을 보장하면 할인율이 높아집니다.

B: I think our company could go along with that.
저희 회사에서 그 사항은 수락할 수 있을 것 같습니다.

4 제안 유보하기

A: I would propose setting the discount rate 4 percent higher. Would you be willing to accept that?
할인율을 4% 더 올려주셨으면 합니다. 받아들일 수 있으세요?

B: I'm afraid I don't have the authority to give approval on that.
죄송하지만 제가 승인할 수 있는 문제가 아니네요.

- suggest 제안하다
- go along ~에 찬성하다, 협력하다
- with a condition 조건을 달아
- as long as ~하는 한
- decision-making authority 의사 결정 권한
- authority 권한, 권능
- refer back (문제 따위를) 먼저 검토했던 사람에게 재위탁[재조회]하다

- counter-proposal 역제안
- scenario 개요, 초안, 행동 계획
- alternative proposal 대안책
- waste of time 시간 낭비
- get back on track 본론으로 돌아가다
- reiterate 되풀이하다, 반복하여 말하다
- wrapping 쌈, 포장함

04 >>> 협상 돌입

갈등 다루기

협상을 하다 보면 서로 간에 풀기 어려운 문제에 맞닥뜨리는 일이 다반사죠. 서로 너무 **unrealistic demand**비현실적인 요구를 하거나, **misunderstand**오해하다하거나, **lack of commitment**책임을 지지 않으려 하는할 때 갈등이 불거지죠. 이러한 **sticking point**문제가 되는 점을 극복하려면 도대체 어떻게 해야 할까요? 그럴 땐 서로 **calm down**진정하다하고 다음과 같은 방법을 사용해보세요.

- **Set achievable goals.** 달성 가능한 목표를 설정한다.
- **Involve a mediator.** 중재자를 개입시킨다.
- **Make concessions.** 양보한다.
- **Respect cultural difference.** 문화적 차이를 존중한다.
- **Take time out and cool down.** 작전 타임을 부르고 열을 식힌다.
- **Use less aggressive[demanding] words.** 덜 공격적인 단어를 사용한다.
  (perhaps/ maybe/ could/ would/ may/ might/ I'm sorry/ I'm afraid 등)
- **Forget it and call it a day.** 다 잊고 마친다.

말하는 intonation어조이 positive atmosphere좋은 분위기를 조성하는 데 일조한다는 점도 잊지 마세요.

그러면 이번엔 갈등양상으로 돌입했을 때 필요한 표현들을 잡아 보도록 할까요? 우선, 서로 간의 대립을 야기시키는 obstacle장애물이 무엇인지부터 다시 확인할 필요가 있습니다.

장애물 확인

The payment method is getting in the way of an agreement.
지불 방법이 계약의 방해 요소네요.

The main sticking point here is the shipping method.
여기서 주요 문제점은 선적 방법입니다.

The major obstacle at the moment is who should pay the costs.
현재 주요 장애물은 누가 그 비용을 지불하느냐 입니다.

그리고서 서로 만족할 수 있는 해결책을 찾아야겠죠. "What do you think is the reasonable solution합리적인 해결책은 뭐라고 생각하시나요?"라며 상대방에게 solution 해결책을 물어볼 수도 있고 자신이 직접 타협안을 제시할 수도 있죠. 이럴 땐 아래의 표현 하나로 그냥 해결하시면 됩니다!

타협 제시

Let's compromise. You pay for the developing costs. We pay for the marketing costs. How does that sound?
타협합시다. 당신쪽이 개발 비용을 대세요. 우리가 마케팅 비용을 대죠. 어떻습니까?

타협은 원하지 않는다, 자신이 원하는 것은 꼭 얻어야겠다 하는 생각이 들면, 약간 threatening위협적인한 언사를 사용할 수도 있겠죠. 하지만 그 결과는 저도 책임 못 져요. ㅋㅋ

입장 고수하기

If you're unable to move on with this, we will have to stop discussing here.
여기서 운신의 폭이 없다면 저희는 여기서 협의를 그만둘 수밖에 없습니다.

I'm afraid we'll have to call it a day unless you agree with our proposal.
저희 제안에 동의하지 않는다면 유감스럽지만 상황을 종료할 수밖에 없습니다.

이렇게까지 했는데도 상황이 **stalemate**진전이 없음하면 그땐 잠시 그 주제를 나중으로 **postpone**미루다하는 것도 방법입니다.

휴식 시간

Let's break and hopefully we can come back with some fresh ideas.
잠깐 쉬죠. 그리고 새롭게 다시 시작하죠.

We should take a break to give both sides time to calm down.
양쪽 모두 열 좀 식히려면 휴식이 필요할 것 같네요.

갈 때까지 갔는데도 진전이 없으면 뭐 별 수 있나요? 그냥 **terminate the negotiation**협상을 결렬시키다해버리세요!

협상 결렬

I'm afraid we're not going to reach an agreement today.
유감스럽게도 오늘 도저히 협의안이 안 나오네요.

We have gone as far as we can today.
오늘 갈 데까지 갔습니다.

업무에서 활용해보자!

1 장애물 확인

A: The major obstacle at the moment is how to get the copyright.
현재 주된 장애물은 저작권을 어떻게 얻느냐입니다.

B: Let's take a ten-minute break and hopefully we can come back with some fresh ideas.
10분간 쉬고 좀 새롭게 시작합시다.

2 협상 결렬

A: If you're unable to move on with this, we will have to terminate the negotiation.
더 이상 여기서 움직일 수 없다면 협상을 종료해야 할 것입니다.

B: Okay. Let's compromise and reduce the price by 5 percent. How does that sound?
좋습니다. 가격을 5%까지 내리는 선에서 타협하죠. 어때요?

단어암기 노트

- unrealistic demand 비현실적인 요구
- misunderstand 오해하다
- lack of commitment 책임을 지지 않으려 하는
- sticking point 문제가 되는 점
- calm down 진정하다
- achievable 달성 가능한
- mediator 중재자
- concession 양보
- take time out 시간을 내다
- cool down 가라앉히다, 진정시키다
- aggressive/ demanding 공격적인
- call it a day 마치다
- intonation 어조
- positive atmosphere 좋은 분위기
- obstacle 장애물
- solution 해결책
- compromise 타협하다
- threatening 위협적인
- stalemate 진전이 없음
- postpone 미루다
- terminate the negotiation 협상을 결렬시키다

EXERCISE

01 해당되는 의미를 찾아 이어보세요!

(1) outline   A 목표로 하다
(2) run through   B 훑어보다
(3) reiterate   C 진전이 없음
(4) aim   D 종료하다
(5) stress   E 간단히 설명하다
(6) sticking point   F 강조하다
(7) nevertheless   G 문제가 되는 점
(8) waste of time   H 반복하여 말하다
(9) stalemate   I 시간낭비
(10) terminate   J 그럼에도 불구하고

02 빈칸에 단어를 채워보세요!

> afraid   along   How about   Basically   less   draw

(1) _____ if we raise the price to USD50?
　　가격을 미화 50달러로 올리면 어떨까요?

(2) I'm _____ that we can't accept that.
　　유감스럽지만 그것을 받아들일 수 없는데요.

(3) I think we could go _____ with that.
　　그 정도면 받아들일 수 있습니다.

(4) This matter is _____ important at the moment.
　　이 문제는 현재 덜 중요합니다.

(5) _____, we are interested in your new line of TV sets.
　　기본적으로 귀사의 신규 TV 라인에 관심이 있습니다.

(6) You should have a lawyer help you _____ up the contract.
　　변호사가 계약서 작성을 돕도록 하는 것이 좋습니다.

Answer
01   (1) E   (2) B   (3) H   (4) A   (5) F   (6) G   (7) J   (8) I   (9) C   (10) D
02   (1) How about   (2) afraid   (3) along   (4) less   (5) Basically   (6) draw

CHAPTER 3
협상 마무리

01 >>> 협상 마무리

마무리는 부드럽게

협상의 성과가 있었건 없었건 마무리할 시간이 오면 마무리해야 해요. 밤새면서 할 수는 없잖아요. 잠은 자야 하니까요. ㅋㅋ 서서히 협상을 끝낼 때가 되었다는 신호를 상대방에게 보여주세요.

협상 마무리

Okay, perhaps we should stop at this point.
좋습니다. 이쯤에서 끝내야 할 것 같습니다.

I think we've covered everything for today.
오늘 할 건 다 한 것 같습니다.

협상의 **progress**진전가 있었다면 이렇게 이어서 말합니다.

협상 평가 1

We've made good progress.
성과가 좋았습니다.

We've made a major step forward.
중요한 한 걸음을 내디뎠습니다.

별로 진전이 없었다면요? 생각하고 싶지 않은 상황이지만 진전이 없었다면 이렇게 말하세요.

협상 평가 2

We didn't get as far as we hoped.
우리가 원하던 것을 얻지는 못했네요.

무엇보다 중요한 것은 그 동안의 협상 내용을 다시 한번 정리하여 양측 모두 이해가 정확하게 되었는지를 확인하는 것입니다. 그럴 땐 이런 표현을 써보세요.

협상 검토

Let me summarize what we've agreed on.
지금까지 동의한 것을 정리해보겠습니다.

I'd like to run through the main points that we've talked about.
논의된 주요사항들을 검토했으면 합니다.

So, I'll summarize the important points of our offer.
자, 그러면 저희가 제안한 것의 중요한 사항들을 정리하겠습니다.

또, 협상 마지막 단계에서 필요한 상황에 쓸 수 있는 표현들도 알려드릴 테니 알아두세요. 너무 많아서 머리에서 쥐나겠다고요? ㅋㅋ 너무 많으면 하루에 한 표현씩만이라도 익혀두겠다는 결심을 해보세요!

다음 일정 고지

So, the next step is to have another meeting.
그래서 다음 단계는 회의를 한 차례 더 하는 것입니다.

We need to meet again soon.
조만간 다시 만나야겠습니다.

In our next meeting, we need to make a final decision on that.
다음 회의에서는 그 건에 대해 최종 결정을 내릴 필요가 있습니다.

Before the next meeting we'll gather some information about that.
다음 회의 전에 그 건에 관한 정보를 모으겠습니다.

We need to draw up a formal contract.
정식 계약서를 작성할 필요가 있습니다.

업무에서 활용해보자!

1 협상 마무리

A: Okay, perhaps we should stop at this point.
좋습니다. 여기서 끝내야 할 것 같습니다.

B: Yeah. We've made excellent progress today.
네, 오늘 아주 훌륭했습니다.

2 협상 요약

A: Let me summarize what we've agreed on today.
오늘 동의한 것들을 정리해보죠.

B: Sure. Please go ahead.
좋습니다. 말씀하세요.

A: We basically agreed that we develop the hardware and you the software.
기본적으로 우리가 하드웨어를, 귀사가 소프트웨어를 개발하는 것으로 합의를 보았습니다.

3 추후 협상 논의

A: We need to meet again tomorrow. Should we say 3 o'clock? Does that suit you?
내일 다시 만나야겠습니다. 3시 어때요? 괜찮습니까?

B: Okay. No problem.
네. 문제없습니다.

- at this point 현 시점에서는
- cover 다루다
- progress 진전
- make a step forward 한 발 내딛다
- as far as ~까지
- draw up 작성하다
- formal contract 정식 계약서
- go ahead 계속하다
- suit 알맞다, 편리하다

EXERCISE

01 해당되는 의미를 찾아 이어보세요!

(1) formal contract   •   •   A   알맞다, 편하다
(2) summarize   •   •   B   요약하다
(3) progress   •   •   C   ~까지
(4) cover   •   •   D   정식 계약서
(5) as far as   •   •   E   진전
(6) suit   •   •   F   다루다
(7) go ahead   •   •   G   계속하다

02 빈칸에 단어를 채워보세요!

> far   summarize   forward   offer   through   Before

(1) We made a major step _____.
큰 진전이 있었습니다.

(2) Let me _____ what we've agreed on.
우리가 합의한 사항을 정리하겠습니다.

(3) I'd like to run _____ the main points that we've discussed.
우리가 논의한 주요사항들을 검토하고자 합니다.

(4) Let me summarize the important points of our _____.
우리 제안사항의 요점들을 정리하도록 하겠습니다.

(5) _____ the next meeting, we'll review the possibility of lowering the price.
다음 회의 전에 가격을 낮출 수 있는 가능성에 대해 검토하겠습니다.

(6) We didn't get as _____ as we hoped.
우리가 원하던 것을 얻지 못했네요.

Answer
01 (1) D (2) B (3) E (4) F (5) C (6) A (7) G
02 (1) forward (2) summarize (3) through (4) offer (5) Before (6) far

Memo

두앤비홈피가 새롭게 단장했습니다~

지금 홈피에 접속하셔서 회원 가입을 하시면 무료 MP3 및 다양한 자료를 다운 받으실 수 있습니다.
앞으로 많은 사랑 부탁 드립니다!

www.dobedobe.com

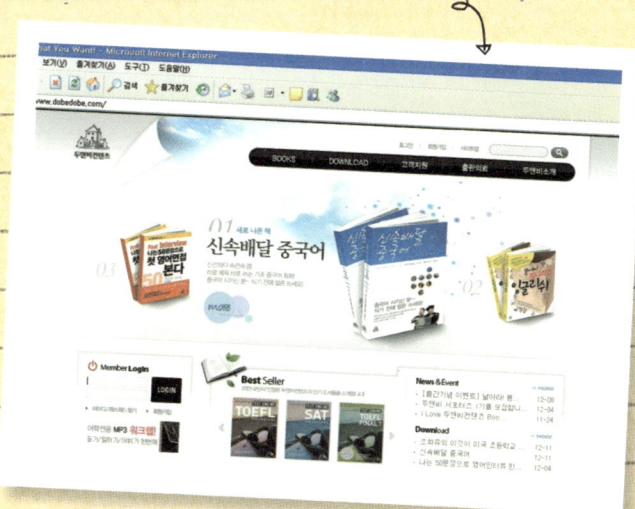

BOOKS 독자 여러분의 자기계발을 돕는 두앤비의 책들을 만나보세요.

DOWNLOAD 각 도서와 관련된 MP3 및 학습자료를 다운받을 수 있습니다.

고객지원 두앤비에서 진행 중인 이벤트를 만나보세요. 문의사항도 남길 수 있어요.

출판의뢰 두앤비와 함께 독자들의 자기계발을 도와주실 선생님들의 원고를 기다립니다.

두앤비소개 회사 위치와 소개를 보실 수 있어요.

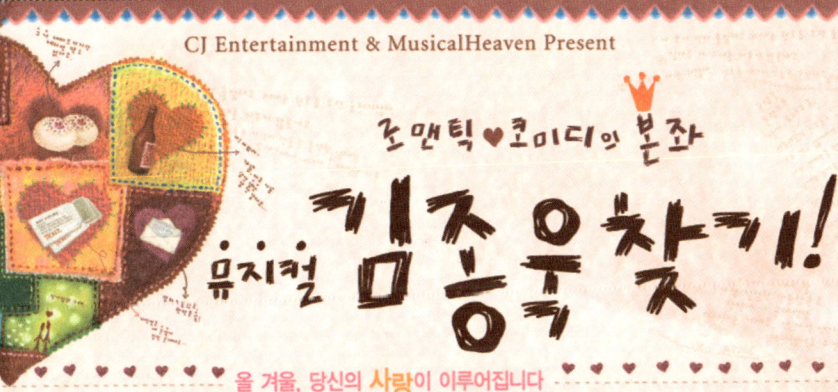

한 눈에 보는 두앤비컨텐츠 도서

	초급	중급	고급
어휘	· 웃지마 나 영어책이야 1 · 나도 영어 잘하고 싶다 · 날아래 봉다리맨 잉글리쉬 · 중학생이 꼭 알아야 할 내신 1등 영단어	· 단어는 외롭지 않다 1 · 웃지마 나 영어책이야 2 · 영어동사구를 자유자재로 쓰게 되는 책 · 불규칙동사를 원어민처럼 쓰게 되는 책 · TEST ENGINE TOEFL Vocabulary	· 단어는 외롭지 않다 2 · 영어비유를 우리말처럼 쓰게 되는 책 · 영어 속담 쓰는 재미를 알게 되는 책 · 영어전치사를 자유자재로 쓰게 되는 책 · 미국 사립고등학교 가려면 꼭 알아야 할 SSAT VOCABULARY
회화	· 문단열의 말하는 영어책 · 문단열의 맨처음 영어듣기 · 영어회화 받아쓰면 말할 수 있다 · 스타일 여행영어	· 스물넷 뉴욕여자는 무슨 말을 할까 · 뉴욕 내게 말을 걸어줘 · 교과서 밖으로 탈출한 미국 영어	· 영어 잘하는 사람은 기본동사를 쓴다
독해	· 선물 · 행복한 왕자	· 세상을 바꾼 25인의 연설	· 남자는 왜 젖꼭지가 있을까?
영문법	· 화끈하고 개운한 수능영문법 · 영문법! 이보다 더 쉬울 순 없다	· 굿바이 가정법	
토익	· 처음 만나는 뉴토익(리스닝/리딩)	· NEW TOBC 플러스 나쁜강의 네시간 (리스닝/리딩)	· 뉴토익 영문법 20일 작전 · 뉴토익 어휘·독해 20일 작전
영어 공부법	· 미국 대학의 법칙 · 대한민국 영어천재들의 비밀노트 · 조화유의 이것이 미국 초등학교 영어다 · 영어 가르치는 엄마들의 교과서 · 영어 1등은 초등학교 때 만들어진다		
수험서	· TEST ENGINE TOEFL FINAL 1~4권	· iBT TOEFL Writing 이보다 더 쉬울 순 없다 · 외고합격 비밀캡슐	· TEST ENGINE SAT Vocabulary
비즈니스	· 나는 50문장으로 첫 영어면접/영어인터뷰/토론/메일/프레젠테이션/회의/협상한다	· 이 책 없이 외국기업과 계약하지마라 · 성공을 부르는 영어 · 리얼 비즈니스 영어	· Steve Jung의 영어 프레젠테이션이 쉬워지는 책 · Steve Jung의 영어로 토론하기 영어로 설득하기

올 겨울, 연인에게 주는 최고의 선물!

No.1 창작 뮤지컬의 신화!
로맨틱 코미디의 본좌!

700회 공연 동안 객석점유율 90%를 기록해 14만 관객이 관람한 히트작! 한국뮤지컬대상 여우주연상 등 2006년 각종 뮤지컬 대상에서 화려한 성적 과시! 인터파크 네티즌 선정 2006 최고의 창작뮤지컬 1위 (9만 9천 명 투표참여결과)

1인 多역의 완결판!
1인 22역 멀티맨

두 주인공의 사랑을 엮어주기 위해 이곳 저곳에서 쉴새 없이 등장하는 멀티맨의 대활약! 110분 동안 무려 22역을 소화하는 그의 활약에 공연은 지루할 틈도 없이 관객들의 웃음으로 채워진다!

김종욱=국가대표 훈남 배우
공식 만들어지다!

전설적인 제 1대 김종욱인 오만석, 엄기준부터 신성록, 김무열, 김재범 등 당대 내노라하는 대표 훈남 배우들이 거쳐간 김종욱! '쓰릴 미', '나인', '씨왓아이워너씨' 등으로 다양한 역할을 소화해 내고 있는 강필석과 최근 '록키호러쇼'의 브래드 역으로 두각을 드러내고 있는 고세원, '위대한 캣츠비'에서 캣츠비 역을 맡았고 '그들이 사는 세상'에서 1대 김종욱인 엄기준과 함께 출연 한 곽병규까지 합세하여 완벽한 김종욱 훈남 라인 완성!